두려워 마라

퇴출

홀로
서기에

도전하라

신정수 지음

가림출판사

책머리에

필자는 어둡고 긴 터널을 지나 지금은 기업 교육 강사로 홀로서기에 성공했다. 현재 '경영 혁신과 기회 선점 경쟁'이라는 차별화된 과정을 개발하여 그 분야를 주로 강의하면서 브랜드 밸류brand value를 높여가고 있다.

화이트칼라 시장의 붕괴 예고

톰 피터스는 98.5%의 블루칼라 시장이 사라졌다고 말한다. 이제 구조조정의 표적은 화이트칼라 시장을 겨냥해서 사정없이 재무 구조를 개선하는 작업을 시작할 것이다.

지금은 세계적인 기업들과 겨루는 글로벌 경쟁 시대이다. 가장 중요한 가격 경쟁에서 대한민국 기업 모두 경쟁력을 잃어가고 있다. 원인은 높은 인건비와 잘못된 기업 구조 때문이다. 특히 한국 기업의 라인 구조는 기업 성장에 걸림돌로 작용해 왔다. 이제 기업은 보수를 어떻게 주느냐보다 누구에게 주느냐를 심각하게 고려할 것이다.

라인 구조와 급여 테이블은 쓰레기통에 버려질 것이다

기업이나 개인이 목표를 향해 나가려면 두 가지가 필요하다. 그 하나는 나침반이다. 나침반은 방향을 제시하여 길을 안내한다. 그러나 더 중요한 것은 현재 위치 정보이다. 우리가 서 있는 현재 위치 정보를 모르면 나침반도 사용할 수 없기 때문이다. 목표를 향해 나가기 위해서는 위치 정보에서 걸림돌로 작용하는 것들을 제거하지 않으면 안 된다.

화이트칼라 시장은 급속도로 변할 것이다. 기업은 걸림돌로 작용하는 기업의 조직도와 급여 테이블에 대한 고정관념을 버리고, 만족할 성과를 낼 수 있도록 신속하게 구조를 바꿀 것이다. 지금까지의 기업 조직도는 완전히 변할 것이다. 잡 사이즈job size별로 나누어 난이도와 중요성에 따라 업무를 할당하게 될 것이다. 급여 테이블은 근속 연수나 나이에 따라 월급을 지급하던 것을 업무 중요도와 성과에 따른 연봉제와 성공 보수를 접목해서 지급하는 방식으로 변할 것이다. 이는 글로벌 환경에서 기업이 생존할 수 있는 최소한의 조건이기 때문이다. 어쩌면 기업은 모든 것을 임대하거나 외주를 주어 회사 소유는 단 하나도 없는 환경이 될지도 모른다. 이런 환경 속에 지금 당신의 일자리는 안전한가?

홀로서기의 마지막 기회!

기업에 취업하는 것이 살아가는 방법의 전부인줄 알았던 지난 시간이 너무 아쉽다. 한 달에 한 번 받는 월급에 목숨을 걸고 안일하게 살았던 시간이 부끄럽다. 정체성도 없이 군중 속에 묻혀 지냈던 부끄러운 모습을 반성한다. 쓰나미지진해일가 몰아칠 때는 늦을 것이다. 지금이 홀로서기를 위한 마지막 기회라 생각해야 한다.

떠나라. 완전히 홀로 떠나야 한다.

가지고 있던 것들 모두 그 자리에 놓고, 새로운 꿈만을 들고 떠나야 한다.

퇴출 두려워 마라 홀로서기에 도전하라

지금 당신이 있는 자리와 남들이 불러주는 직위는 당신 스스로가 현재까지 투자한 결과이다. 지금의 자리에서, 지금의 직위에서 수직 상승을 원하는가? 그러면 철저히 자기계발에 투자하라. 새로운 목표에 열정적으로 도전하지 않으면 어느 누구도 당신을 상위로, 더 좋은 자리로 옮겨주지 못한다.

당신 속에 가장 우수한 자산으로 있는 '꿈'을 실현해야 한다. 단 하루라도 잊어버릴 수 없는 꿈을 실현하기 위해 당신 속에 잠들어 있는 무한한 잠재력에 올인all-in할 수 있는 기회를 만들어야 한다.

오직 하나에 올인하라

최고가 될 수 있는 것, 가장 잘할 수 있는 것, 가장 좋아할 수 있는 것에 올인하라. 단, 다시 태어나도 선택할 수 있는 일을 하라. 그래서 남들이 전문가라고 불러줄 때까지 모든 에너지를 하나에 집중시키라. 오직 하나에 집중하는 것은 당신의 브랜드를 만들고 당신을 차별화할 수 있는 전략이다.

이 책은 기업이라는 조직 속에서 생활하다가 퇴출당했거나 새로운 일을 찾으려는 사람들에게 자신감과 용기를 주고 앞으로 나아갈 방향을 제시해줄 것이다. 이 책에 기록한 몇몇 성공 사례를 거울로 삼아 자신의 내부에 잠들어 있던 잠재 능력을 일깨워 또 다른 가능성에 도전하기 바란다.

이 글의 감수를 맡아주신 박은경 님께 감사드리며, 짧은 지식을 담았으나 아름다운 책으로 만들어주신 가림출판사에 고마움을 전한다. 지금까지 묵묵히 옆에서 홀로서기를 도와준 아내와 퇴출당해서 떠돌이 생활을 했던 필자에게 용기와 자신감을 불어넣어주신 부모님과 가족들에게 이 글을 바친다.

저자 신 정 수

차 례. CONTENTS

5장 부족한 2% 스킬 따라잡기

6장 홀로서기에 성공한 사람들의 이야기

달라지는

1장

세상

잘 나가던 기업이 시장에서 사라지거나 다른 나라 기업이 되고, 명성을 얻었던 기업이 땅에 코를 빠트린 회사로 전락해버리는 일이 이제는 그리 먼 이야기만은 아니다. 전 세계를 통틀어 64개에 달하던 자동차 브랜드가 몇 년 사이 기업 합병을 거쳐 현재는 10개로 줄었다. 세계에서 가장 우수한 기업만이 생존하는 세상으로 시장 판세가 바뀌었기 때문이다.

이러한 상황에서 전통적인 경영 방식을 아직도 고집하는 한국 기업의 미래는 불안하기 짝이 없다. 매출은 감소하고 기업 이익이 줄어들자 마지막 벼랑 끝에서 기업이 선택하는 방법이란 구조조정이다. 인건비를 절약하여 고정비를 줄이는 것을 가장 빠른 생존의 길이라고 판단하기 때문이다. 구조조정만이 살 길은 아니지만 필요할 때 채용하고 역할을 다하면 계약을 파기하는 사례는 시간이 갈수록 더 많아질 것이다.

한때 우리 사회 유행어였던 '오륙도, 사오정, 삼팔선, 이태백'의 의미를 아는가? 오륙도는 56세까지 회사에 있으면 도둑, 사오정은 45세면 정년 퇴직, 삼팔선은 38살에 은퇴, 이태백은 20대 태반이 백수라는 뜻으로 직장인의 현실을 빗댄 말이다.

누구의 잘못일까? 정부와 기업만 탓하고 세상을 비관하며 시간을 보내기에는 세월이 너무 아깝다. 스스로 뭔가 해보려니 경험도, 자본도, 자신감도 없어 망설이고만 있지는 않은가?

인생은 누구도 대신 살아주지 않는다. 그러므로 당당하게 홀로서기를 해야 한다. 경험이 없다면 두려워하지만 말고 경험 많은 주위 사람에게 부탁하고 도움을 받으면 된다. 기막힌 아이디어는 있는데 자본이 부족하다면 도전을 포기해야 하는가? 돈은 있으나 아이디어가 없는 사람과 연계해서 사업을 하면 될 것이다.

그러나 중요한 것은 스스로 홀로서기를 할 수 있는 용기와 자신감이다. 이 책을 읽어 가는 동안 당신은 홀로설 수 있는 용기와 자신감을 얻을 수 있을 것이다.

기업이 당신을 책임지는 시대는 이미 끝났다. 기업은 이익과 생존을 위해 어떤 결정이라도 할 수 있다. 봉급을 받는 날 그 액수만큼 당당하게 밥값한 사람은 얼마나 되겠는가? 엄청난 성과를 냈으니 더 받아야겠다고 큰소리칠 수 있는 사람이 과연 몇 명이나 될까? 대부분 사람은 적당히 눈치 보며 소극적으로 일하고 있을 것이다. 그나마 받는 만큼조차도 일하지 않은 사람이 조직 내에 더 많지는 않은가?

혹시 당신은 다음과 같은 착각을 하며 살고 있지는 않는가?

'채용되었으니 이제 내 인생에서 고생은 끝났다. 학교 다닐 때 학점 따고 토익 시험 공부하느라 놀지도 못했는데, 공부는 그때 다 했으니 더 이상 할 게 없어. 중간 정도에 서서 슬렁슬렁 가면 되겠지. 받는 만큼 일하면 되지 더 받는 것도 없는데 앞장서서 열심히 일한들 뭐하나. 내가 못 하는 것은 다른 사람이 대신해주겠지. 회사는 나를 고용했으니 때 되면 당연히 봉급을 주겠지. 때 되면 승진도 시켜주고 봉급도 올려주니 무엇이 문제이겠는가. 노동법이 나를 보장해는데 설마 누가 나를 내보낼까.'

당신은 누구를 위해 일하는가? 누구를 위해 자신을 계발하는가?

회사를 위해 일하고 자기계발을 한다고 생각한다면 착각이다. 모두가 당신 자신을 위한 것이다. 더러는 자기계발조차 하지 않는 세상물정 모르는 사람도 있다. 이런 사람들이 퇴출되는 것은 기업 사정도 있겠지만, 자기계발을 소홀히 하고 경쟁력을 높이지 못한 자신에게 문제가 더 많을 것이다.

이미 기업은 사람의 일을 자동화와 컴퓨터 프로그램으로 대체하고 있다. 이력서를 들고 다른 회사들을 기웃거린다고 언제든 반복될 수 있는 퇴출 문제가 풀리는 것은 아니다. 그러므로 당당히 홀로 설 수 있는 자신만의 탁월한 부분을 찾아 생존 전략을 세워보기를 권한다.

01
사라진 블루칼라 시장

톰 피터스Tom Peters는 변화하고 있는 노동 인력 시장에 대해서 다음과 같이 말했다.

"런던 부두의 노동조합장을 지낸 노인이 내 동료 리처드 킹 Richard King에게 이런 말을 했다. 1970년에는 목재 수송선에서 짐을 모두 내리려면 108명이 달라붙어도 족히 5일은 걸렸다는 것이다.

1명이면 540일을 뼈 빠지게 일해야 한다는 계산이 나온다. 그러다가 새로운 방식인 '컨테이너 수송'이 등장했다.

그로부터 30년이 지나 새로운 천 년이 시작되었고, 어느 날 런던 부두에 목재 수송선이 도착했다. 그때 다시 노인이 리처드에게 말했다. 8명이 하루만 고생하면 짐을 모두 내릴 수 있다고.

이번에는 1명이 8일 동안만 고생하면 된다는 계산이 나온다(더 놀라운 사실 : 부두에서 일하는 '블루칼라' 노동자들은 이제 대부분 컴퓨터 제어 장치를 이용해 '화이트칼라' 일을 하고 있다).

결과는? 실제 업무에 필요한 블루칼라 노동력이 98.5%나 줄었다."

블루칼라 생산직에 종사하는 육체 노동자, 푸른 작업복을 입는 데서 유래한다. 시장은 갈수록 줄어들 것이다. 지게차와 포크레인은 노동 현장에서 수많은 노동자를 집으로 돌려보냈다. 컴퓨터가 보급되면서 인터넷 산업과 연관된 오프라인 off-line 종사자들은 다른 직업을 찾든지 그 현장에서 사라져 갔다. 한때 돈 잘 벌던 자동차 회사에서 일하던 평균 70~80명의 자동차 판매원들은 이제 5~7명으로 축소되었다. 이전에는 미처 예상하지 못했던 인터넷으로 자동차를 주문하는 시대가 열렸기 때문이다.

지금 수많은 제조 회사에서는 홈쇼핑에서 상품을 판매한다. 시간과 비용을 절약할 수 있을 뿐만 아니라, 그 에너지로 연구 개발에 집중할 수 있기 때문이다. 결과적으로 수많은 영업사원들은 다른 일자리로 이동했다.

블루칼라 시장의 인력 이동도 예상할 수 있다. 생산 라인에서 일하던 노동자들은 모두 외국인들로 대치되었다. 이미 다수의 한국 노동자들이 중국으로 이동했지만, 이제 중국에서 러시아로 이동할 것이다. 다시 인도로 이동할 것이며, 머지않아 한국으로 돌아올 것이다. 왜냐하면 인건비가 더 낮은 필리핀, 인도 등의 인력들이 그 시장으로 새롭게 진출할 것이기 때문이다.

노동력 향상을 위해 프레더릭 윈슬로 테일러Frederick Winslow Taylor가 시간동작연구Time and motion study로 노동 인력 시장의 일대 혁신을 가져온 이후 현대 사회는 블루칼라 시장이 점차 해체되어 가는 최악의 시대가 도래했다.

02

화이트칼라의 붕괴 예고

화이트칼라 시장의 붕괴는 자명한 사실이다. 이는 여러 경로를 통해 알 수 있는 사실이지만, 본장에서는 간략히 두 가지 경로로 접근하여 사실을 확인하고자 한다.

첫째 경로는 컴퓨터 프로그램 시스템이다. 이는 대량 살상 경로이다.

화이트칼라들에게 ERPEnterprise Resource Planning : 전사적 자원 관리와 ASPApplication Service Provider : 웹 언어 프로그램는 블루칼라 시장의 지게차보다 더 위협적인 존재이다.

이전에 실무자들이 수시로 만들던 통계 자료는 부문별로 모아서 공유하는 정도로, 필요한 때에 정확한 지원량을 파악하거나 활용하기는 불가능했었다. 그런데 ERP 프로그램이 설치되면서 담당자 몇 명이 실시간 올리는 생산, 회계, 인사, 영업, 제품, 재고 등 전 영역의 자료는 적시에 전체 회사 내에서 공유하고 활용할 수 있게 되었다. 시간과 비용, 인력 절감으로 속도 경영을 적극 지원하는 이 프로그램은 현재도 꾸준히 기업들에게 주목받고 있다.

둘째 경로는 기업 내 구조조정이다. 이 경로는 전문가를 선택하는 과정이다.

컴퓨터 프로그램은 운영할 수 있는 전문가 한 사람만 있으면 돌아간다. 그러므로 컴퓨터 프로그램이 수행하는 일을 하던 사람들은 책상을 정리하고 짐을 챙겨 회사를 떠나야 한다. 옮길 곳이 있으면 다행이지만 갈 곳이 없는 사람은 어둡고 긴 방황의 터널을 통과해야 하는 고행이 시작될 것이다.

기업은 구조조정으로 내부에 전문가가 없다고 판단되면 외부에서 그 분야의 전문가를 찾을 것이다. 톰 피터스는 "휴렛팩커드 부사장 짐 맥도넬Jim McDonnell은 '우리가 모든 지적 재산을 소유하고 실제 노동은 모두 외주로 진행한다.'고 말한다." 했다. 연봉이 총 3억 원이 들어가는 조직의 일을 마이크로칩 30만 원짜리에 담긴 프로그램이 대신할 수 있는데, 당신이 사장이라면 어떤 선택을 하겠는가?

컴퓨터 프로그램과 구조조정은 기업의 기존 조직을 파괴하고 재창조할 것이다. 한국의 화이트칼라 시장은 급속도로 변화의 물살을 탈 것이며, 인재 중에서도 가장 전문적인 소수만이 구원받을 것이다.

톰 피터스는 예언했다.

"현재 우리가 알고 있는 화이트칼라 직종 중 최소한 80%가 15년 안에 완전히 사라지거나 알아볼 수 없을 정도로 바뀔 것이다."

그러나 우리나라 기업은 톰 피터스가 제시한 15년보다 더 빨리 달라지는 환경에 놓일 것이다. 미국 기업의 구조에 비해 한국 기업의 구조는 글로벌 환경 아래에서 더 허약한 전통적 비즈니스 구조를 가지고 있기 때문이다.

한국 기업들은 어떤 과정을 거치건 간에 지금과는 완전히 새로운 모습으로 재창조되어 효율적인 선진 기업 구조로 개선되어야 하므로 많은 사람들이 퇴출되거나 다른 일자리를 찾아 나서게 될 것이다. 조직의 구조 자체가 기업이나 개인의 능력을 제한하여 성과에 걸림돌로 작용하고 있기 때문이다. 여러 장애물들은 엄격한 검증을 통해 제거될 것이지만, 실행 과정이 그리 비장하지는 않을 것이다. 기업은 계속적인 성장과 유지가 필요하기 때문에 어떤 방식을 통해서라도 혁신적인 변화를 실행할 수밖에 없을 것이다.

03
웹을 모르는 골동품 상사들

웹web 시대가 열린 지 20년쯤 되어 간다. 시장을 순식간에 잠식시킨 상품 중에 웹만큼 빠른 속도로 스스로 알아서 세상에 길을 만들었던 상품도 없는 것 같다.

이제 웹은 비즈니스의 전부라 해도 지나친 말이 아니다. 웹은 서로를 연결하는 사슬고리 역할을 하며, 남에게 나를 알리는 최고의 도구이다. 자료와 정보를 취하고 흘리는 교류의 장이며, 구매에서 판매에 이르기까지 모든 솔루션이 제공되는 비즈니스의 통로이다.

웹 하나만으로 필요한 정보화 작업이 가능하다. 이전에는 2,000명의 석학을 고용해서 세계적인 중앙박물관을 30일 정도 뒤져야 가능한 자료 수집을 이제 단 몇 시간 아니 몇 분 안에 혼자서 할 수 있는 것도 웹 시장이 열렸기 때문이다.

인터넷 전문가 데이비드 와인버거David Weinberger는 다음과 같이 말했다.

"웹이 우리가 막 살기 시작한 새로운 세상이라고 가정해보자. 이 세상에서 우리는 미국으로 건너와 숲 가장자리에 둥지를 튼 초기 유럽인 정착민이나 마찬가지다. 우리는 무엇이 있는지, 정확히 무엇을 해야 하는지 모른다. 산악 복장과 사막 복장 중 무엇을 입어야 할까? 카누를 준비해야 할까? 도무지 아는 게 하나도 없다. 정착민들은 신세계의 지형을 몰랐지만 최소한 지형이 있다는 사실만큼은 알았다. 그러나 웹 세상에는 지형도 풍경도 거리도 없다. 그 속에는 자연스러운 것이 하나도 없다. 행동 법칙이나 권위자의 조언도 찾아보기 힘들다. 도무지 상식이 통하지 않고 비상식은 아직 나타나지 않았다."

한편, 톰 피터스는 아래와 같이 말했다.

"와인버거는 웹의 무한한 가능성을 시적으로 표현했다. 조직을 구성하는 새로운 방식. 다른 인간과 상호 작용하는 새로운 방식. 상거래를 하는 새로운 방식. 정치를 하는 새로운 방식. 교육하는 새로운 방식. 치료를 받는 새로운 방식. 전쟁을 하는 새로운 방식. 모든 새로운 방식이 바로 웹의 잠재력이다."

일상에서 지금껏 해오던 모든 일들이 웹이란 새로운 세상에서 새로운 방식으로 새롭게 탄생했다. 그리고 사람들은 이 방식을 급속하게 받아들였다. 이런 와중에도 새로운 세상이 열리고 있음을 부인하고 받아들이려 하지 않는 상사들이 있다. 그들은 근무한 세월과 경험을 앞세워 새로운 세상을 무시하고 있었지만, 이제는 받아들일 수밖에 없다는 쪽으로 심경을 굳히고 있는지도 모르겠다.

톰 피터스는 웹으로 만족한 성과를 얻은 기업의 사례를 다음과 같이 들었다.

● 시스코
시스코시스템스는 연간 190억 달러 규모에 달하는 비즈니스의 90%를 웹을 통해 수행한다.
● GE
잭 웰치는 사령관 임기 마지막 4년 동안 웹과 둘도 없는 친구가 되었다.
● IBM
IBM이 4,200만 달러에 해당하는 거래를 온라인으로 처리한 결과 약 10억 달러를 절감했다고 발표했다.
● 오라클
5억 달러의 비용 절감. 이는 오라클이 자사의 모든 비즈니스 프로세스를 재빨리 웹으로 옮긴 지 1년이 조금 지난 후에 (두 번이나) 얻은 결과이다.
● 시멕스 Cemex
초고속 인터넷 경매를 통해 시멕스는 콘크리트 쓰레기를 50%에서 15%로 줄일 수 있었다.

50대의 기업 임원이 20대 후반의 젊은 사람만큼 웹 세상에서 탁월한 능력을 발휘해서 업무를 수행할 수 있을까? 웹을 기반으로 모든 일이 실행된다면 기업은 웹 세상에 능통한 사람이 필요하지, 오랫동안 기업에 근무한 사람이 필요하지 않을 것이다. 높은 임금을 받는 상사가 어쩌면 기업이 전진하는 데 걸림돌이 될 수도 있다. 이러한 환경을 인식한다면 상사들은 앞으로 자신의 진로에 대해서 고민하지 않을 수 없을 것이다.

필자는 이 부분의 제목에 골동품 상사라는 표현을 했다. 첫 어감에 이 표현을 좋아할 사람은 단 한 명도 없을 것이다. 그럼에도 골동품 상사라 표현한 이유를 들자면 다음과 같다.

골동품이란 오랜 역사를 품고 있는 유물이다. 고가의 좋은 골동품은 시중에서 흔히 볼 수 없다. 그러나 일반인은 지식이나 관여도가 전혀 없어 진귀한 골동품이 손에 들어가도 지저분하고 낡은 물건으로만 취급할 수 있다. 심하면 내다버릴 수도 있을 것이다. 진가를 알아보지 못해 그 가치가 묻혀버리고 만다는 이야기이다. 그러나 그 골동품이 식견과 관여도가 높은 사람에게 들어가면 가격이 상상 외로 높게 책정되어 귀하게 대접받을 수 있다. 모두 후자의 경우와 같이 대접받는 상사가 되면 얼마나 좋을까?

진가가 없는 골동품 상사들은 후배들의 능력을 따라잡으려고 발버둥친다. 웹을 공부해보지만 젊은 친구들 못지않은 실력을 갖추기는 시간이 턱없이 부족하고, 노력한 만큼 성과를 기대하기도 어려운 것이 현실이다.

그래도 포기해서는 안 된다. 웹 세상을 정복하라는 이야기가 아니다. 젊은 친구들만큼 탁월한 실력을 갖추기는 어렵지만 웹을 통한 업무와 비즈니스, 의사교환이 가능한 정도의 자기계발은 할 수 있고, 또 필요하다. 중요한 것은 골동품 상사들이 진가를 발휘하려면 자신이 가장 잘하는 부분을 찾아 강점을 더 강하게 개발하려는 노력이 필요하다는 것이다.

강점을 더 강하게 개발하기 위해서는 먼저 강점을 분명하게 알아야 한다.

다음을 읽고 자신의 생각을 적어보기 바란다.

당신은 자신의 묘비에 어떤 사람으로 적히고 싶은가?

예) ● 김구 : 독립 운동가

● 박지성 : 아시아 축구의 위상을 세계에 떨친 선수

● 앤드류 카네기 : 여기 자기 자신보다 더 우수한 사람을 어떻게 다루어야 하는지 아는 사람이 누워 있다.

지금까지 경험한 것들 중에 당신이 가장 잘 할 수 있다고 생각하는 것은 무엇인가?

지금 당신이 하고 싶은 것은 무엇인가?

....

....

....

....

  웹 세상에서 힘이 약해진 골동품 상사들의 미래를 함께 고민해보면서 2장에서는 좀 더 구체적으로 자신의 역량을 발견하고 강점을 찾아내어 새로운 목표를 설정하고 도전할 수 있는 방법을 제공하고자 한다.

04
여성 인력의 사회 진출 확대

　아무리 고용 시장이 불황이라고 해도 집에서 아이 키우고 밥 짓던 여성들이 스스로 이 어려운 조국을 구해야겠다고 결심하여 모유 먹는 2살 아기, 이제 갓 배움을 시작한 4살배기 아이를 어린이집에 보내고, 솥뚜껑, 밥주걱, 세탁기, 다리미를 내던지고 사회로 몰려나와 기업의 기둥과 핵심 두뇌를 부둥켜 잡고 조국을 구하겠노라 아우성치고 있다는 착각 속에 사는 사람은 단 한 명도 없을 것이다.

　물론, 남자의 경우도 마찬가지이다. 블루칼라였거나 화이트칼라도 일찍 집으로 귀가 조치당한 남성들이 오랫동안 깊이 생각하여 내린 결론이 남자가 하는 일보다 여자가 하는 일, 곧 아이 젖먹이기, 아이 유치원 보내기, 기저귀 빨기, 세탁기 돌리기, 다림질하기, 영양식 밥 짓기, 청소하기, 마루 닦기, 계절에 맞춰 옷장 정리하기,

강아지 돌보기, 시장 보기, 금융 업무, 고지서 공과금 내기 등등이 더 재미있고 적성에 맞는 것 같아서 아내에게 '업무 양도 양수 계약서, 내무부 장관 신규 임명장, 여성 9시 이후 통행금지령 폐지, 여성 외출과 외박에 대한 규제 완화, 남성이 누린 권한을 여성이 100% 승계 받는다는 협약서' 등의 계약을 체결하여 도장을 찍고, 성실하게 가사를 헌신적으로 수행하자고 하는 사람이 과연 얼마나 될까?

여성의 사회 진출은 조국 수호의 대의를 위해 내린 결단이 아니요, 남성의 퇴출은 가정 수호를 위해 내린 결심이 아니다. 이것은 시대 흐름과 맞물린 대세이다.

남성과 여성은 근본적으로 차이가 있다. 옛날 토굴에서 생활하던 시절, 남성들은 가족의 생계를 위해 아침이면 연장을 챙겨 먼 사냥길을 떠났다. 여성들은 가족을 돌보면서 생활을 위한 기초적인 가사 활동을 하며, 외부 침입자를 감시하거나 방어하며 생활했다. 남성은 점차 외부에서 생계를 책임져야 하는 방법을 연구하고 사냥감에 집중하기 시작한 반면, 여성은 토굴 내부를 관리하고 다스리는 폭넓은 시각을 갖게 되었다. 여성이 남성보다 청각이 뛰어나고, 나아가 직감이 발달하게 된 것은 이 때문이다. 지금까지도 남성들이 직감이 발달한 여성들의 눈치를 보며 생활하는 것은 사실이기도 하다.

기혼 여성들의 사회 진출이 증가하고 있는 이유는 다음과 같은 측면에서 찾아볼 수 있다.

첫째, 개인적인 측면이다. 이는 자아성취 욕구의 증가와 직업에 대한 가치관의 변화로 말할 수 있다. 자아실현에 대한 심리적 욕구가 커지고, 지금까지 자신의 교육에 투자한 것에 대해 경제적 보상을 기대하는 실질적인 욕구가 증가하면서 취업 상태가 결혼 후에도 계속되고 있다. 이제 '결혼은 선택, 직장은 필수'라는 생각이 확산되었다.

둘째, 가정적인 측면이다. 삶의 질이 향상됨에 따라 가구별 소비 수준이 높아지고 자녀의 사교육비 증가 등으로 추가 소득원에 대한 요구가 커졌다. 따라서 여성 소득에 대한 의존도 증가와 남녀가 평등하다는 사고가 확산됨에 따라 이러한 가치관이 융통성 있게 받아들여지고 있다.

셋째, 출산율이 줄어드는 측면이다. 우리나라 출산율은 세계에서 가장 낮다. 따라서 출산 저하에 따른 자녀 양육과 가사 노동의 부담이 완화되면서 기혼 여성, 그 중에서도 특히 전문직 여성이 직장 생활을 유지하기가 과거보다 쉬워졌다.

넷째, 국가적인 측면이다. 노동력 수용의 증가에 따른 여성 참여 기회의 확대를 들 수 있다. 즉 노동력의 수요가 증가함에 따라 제1차 노동 집단인 25~54세 남성의 노동력 공급에 한계가 생겼으며, 정보 및 서비스 산업 등의 다양화로 여성에게 적합한 직종이 개발되었다. 뿐만 아니라 현실적으로 노동 시장 내 남녀 차별을 금지하는 남녀고용평등법과 같은 입법 조치가 강화되고, 여성의 사회 진출을 수용하는 분위기에 따른 기혼 여성의 경제 활동 참여율이 활성화되었다.

사회 각처에서 여성 리더의 목소리와 위상이 높아지고 있다. 필자 개인적으로는 여성 옹호자는 아니지만, 여성이 사회에 진출하여 전문 분야에서 활동하고, 경제 성장의 견인차 역할을 하기를 기대한다.

지금까지 우리 사회가 남성과 여성의 특징과 강점을 고려하지 않고, 남성 중심으로 형성되었다면 지금부터는 업무의 특성을 고려하여 세분화하는 작업이 필요하며, 남성이 할 일과 여성이 할 일을 구체적으로 분류해서 인재를 채용하면 더 좋은 성과를 얻을 것이다.

적합한 사람을 채용하는 시대

왜 오늘날 사회에서 여성 인력이 대거 등용되고 있을까?

뒤죽박죽인 세상 속에서도 먹을 것은 먹어야 하고, 생필품들은 구매해야 한다. 지금은 여성이 생필품에만 국한하여 구매하는 시대는 아니다.

아파트는 남성 직원이 설계하고 건축하지만, 그 아파트의 구매자는 여성이다. 여성은 자신의 자존심을 높여줄 수 있는 아파트를 선택한다. 그 여성의 배우자인 남성은 아파트 가격을 지불하기 위해 그저 열심히 돈을 번다. 하지만 아파트를 건설하는 남성들은 여성의 니즈needs가 아닌 원츠wants를 알지 못한다. 그래서 건설회사에도 전문 여성이 대거 채용되기 시작했다. 자존심으로 구매를 결정하는 여성의 원츠는 여성이 잘 알고 있기 때문이다.

가구회사를 떠올려보자. 가구 기술자의 대부분은 남성이다. 그러나 구매하는 사람의 대부분은 여성이다. 여성의 느낌과 원츠를 남성들은 모르기 때문에 여성 전문 가구 설계사가 그 역할을 수행해야 그에 맞는 상품을 개발할 수 있다.

33

자동차 구매는 어떨까? 남성은 차종과 모델을 선택할 수 있으나, 최종 의사결정은 가정의 자금 관리를 담당하는 여성에게 달렸다. 구매에 관한 여성의 관점이 남성보다 실리적이기 때문이다.

가전제품과 가정용품도 생산부터 판매까지 거의 모든 과정에 남성들이 일하고 있다. 그러나 구매자는 거의 모두 여성이다. 그래서 요즘은 이 분야로도 많은 여성들이 대거 등용되고 있다.

그럼 집안 내·외부 인테리어는 누가 결정할까? 물론 대부분은 여성이 결정한다. 그러나 인테리어 회사에 근무하는 사람은 90%가 남성들이다. 매출이 감소하고 있는 인테리어 회사가 있다면 그 원인은 여성 고객이 원하는 것을 모르는 남성들이 인테리어를 하고 있기 때문이며, 여성이 원하는 것들에 관한 대안을 연구하지 않았기 때문이다. 기업들이 이를 깨닫는다면 앞으로는 여성 인력이 그 자리에 90%를 채우게 될 것이다.

호텔 숙박업도 마찬가지이다. 가끔 남자들이 지방이나 해외로 출장을 갈 경우 가족을 동반하는데, 이때 비행기 표나 숙박 시설은 대부분 여성이 결정한다. 여성들은 네트워크를 통해서 경험 정보를 수집하고, 호텔의 규모나 이름보다 전체적인 편의시설을 파악하여 짧은 시간이라도 기억에 남을 일을 만들고 휴식으로 에너지를 충전할 수 있는 곳을 선택한다.

대한민국 내 공신력 있는 기관의 입사 경쟁에서도 여성들은 월등하게 우수한 스펙_{직장을 구하는 사람들 사이에서 학력·학점·토익 점수 따위를 합한 것을 이르는 말}으로 남성들을 앞지른다. 2만 달러 시대를 넘어 3만 달러 시대로 진입하려면 이제 남성의 능력만으로는 한계가 있으며,

여성의 능력이 더해져야만 가능하다는 여론이 지배적이다.

앞으로는 더욱 기업 내부에서 소비 패턴을 연구하여 일자리의 많은 부분에 변화를 가속화할 것이다. 자신들의 산업 분야에 여성 인력의 중요성과 역할이 절실하게 필요하다는 사실을 깨닫고 있기 때문이다. 혹시라도 남성들은 현재 자신의 자리가 여성이 더 잘 일할 수 있는 자리는 아닌지 고민해보기 바란다. 만약 그렇다고 판단되면 직업 전선에서 살아남을 수 있도록 즉시 새로운 일자리를 찾아야 할 것이다.

홀로 돈벌이를

2장

하는 환경

홀로 돈벌이를 하는 사람들을 프리랜서라 부른다. 프리랜서란 단어가 낯설지는 않지만 그들이 정확히 무엇을 하는지, 어떻게 돈을 버는지를 일반 사람들은 자세히 모른다. 프리랜서는 특정한 분야에서 자신만의 브랜드를 만들고 자기 가치를 알려서 계속적인 고용이 창출될 수 있도록 적극적으로 생활한다.

프리랜서의 세계에서는 개인 대 개인이 경력을 직접 비교하며 경쟁한다. 개인의 실력과 성과에 대한 비교는 그 분야의 수행에 대해 이미 경험한 관계자가 자세하고 정확하게 파악하고 있어 고용주는 이를 통해 짧은 시간에 목표를 달성할 수 있다. 또한 전문가를 고용하는 관계로 기대 이상의 성과를 거둘 수 있다는 강점이 있다.

여러 채널을 통해 듣는 이야기지만 평생직장이란 개념은 사라졌다. 능력 있고, 자신감 있는 사람들은 모두 개인적으로 할 수 있는 일을 찾아 홀로서기를 시작했다. 이들은 경쟁력 있는 자신의 브랜드를 만들어서 부가가치를 높이기 위해 부단히 연구하고 노력한다. 아직도 직장만이 살 길이라 여기는 사람들이 의외로 많은데, 기업 밖으로 나가면 끝이라는 나약한 생각을 하는 한 점점 더 작아지는 입지를 외면하지 못하게 될 것이다.

퇴출된 사람들 중에 일부는 다른 기업으로 재입사하고, 나머지는 프리랜서로 이곳저곳을 기웃거리며 돈 벌 일을 궁리할 것이다. 이전에 기업에서 하던 업무 능력만으로는 사실 홀로서기 시장에서는 단 한 건의 실적을 올릴 수 없을지도 모른다.

홀로서기 시장에서는 다양한 일에 대한 성과와 역량을 갖추고, 이력서도 경력 중심으로 창의성을 발휘해 설득력 있게 작성해야 한다. 유사 업종에 종사하는 프리랜서나 고용 기관과도 늘 왕성하게 관계를 유지하며 향상시켜야 한다. 고용 시장은 더 복잡해지고, 개인에게 더 많은 노력을 요구하고 있지만, 결론은 혼자 이 모든 것을 해결해야 한다는 것이다.

조직 속에서 하던 안일한 생각은 회사를 떠나오면서 일찌감치 버려야 한다. 혼자 모든 일을 해낼 수 있다는 자신감과 열정으로 무장해야 프리랜서가 될 수 있다. 분명한 것은 당신이 노력하지 않는 한 어느 누구라도 당신에게 단 하나라도 그냥 주지 않는다는 사실이다.

지금부터 홀로서기에 필요한 것들을 좀 더 구체적으로 알아보고, 그 방법과 방향을 살펴보자.

전문가만이 돈벌이가 가능한 사회

프리랜서가 되겠다고 선언하면 처음에는 누구에게나 몇 번의 기회가 올 것이다. 그러나 비전문가에게는 계속적인 주문과 요청이 없다. 계속적인 주문과 요청이 필요하다면 철저히 자신만의 전문성을 만들어내어야 한다. 그것만이 지속성을 유지하고, 경쟁력을 갖출 수 있는 유일한 방법이다.

홀로서기를 하는 것은 조직에서처럼 주위 동료들이 자신이 하지 못하는 일을 대신해주는 상황이 아니다. 모든 것을 스스로 결정하고, 계획을 세우고, 실행해야 한다. 전략도 혼자 세우고, 마케팅이나 광고·홍보도 혼자 해야 한다. 자신이 터무니없이 부족하고 나약하게 느껴지더라도 막상 혼자 일을 시작하면 어디에서 생기는지 몰라도 열정과 기발한 아이디어와 할 수 있다는 자신감이 충만해지는 것을 경험할 수 있을 것이다. 여기에서 전문가에 대한 정의와 자격에 대해 알아보자. 흔히 전문가라 하면 어떤 조건과 실력을 갖춘 사람을 말하는데, 필자가 정의하는 전문가는 다음과 같다.

"전문가는 특정 분야에 최신의 전문 지식을 갖추고, 주어진 문제에 즉각 대응하여 기대 이상의 성과를 낼 수 있는 능력이 있는 사람을 의미한다."

누구나 알고 있는 지식을 갖추고, 한 분야에 오랫동안 근무한 것만으로는 전문가라 칭하기 어렵다. 기업 강사들 중에는 자신을 명강사나 기업체 전문 강사라고 자칭하는 사람들이 많다. 명강사나 전문 강사라는 말은 외부인이나 강의를 들은 사람들이 붙여주는 호칭이다. 스스로 자신을 전문가라 한들 남들이 보기에 전문가가 아니라고 판단되면 상식을 조금 더 알고 있는 보통 사람으로만 인식된다. 자신이 전문가인지는 스스로 판단하는 것이 아니므로, 남들에게 인정받는 실력을 갖추는 것이 중요하다.

또 하나는 분야에 관한 문제이다. 흔히 사람들은 남들도 모두 알고 있는 인기 분야를 연구하는 사람만이 전문가로 인정받을 수 있다고 생각한다. 그러나 전문가는 어떤 분야에서도 될 수 있다.

하나의 사례로 알아보자. L씨는 IMF 때 유통 회사에서 퇴출당했다. 그는 회사 인사 관리팀에서 직함은 대리였지만, 특별히 정해진 업무를 수행한 것이 아니라 이것저것 시키는 것을 그저 열심히 했던 사람이었다. 퇴출 후 다른 회사로 이직을 생각하고 여러 차례 이력서를 내봤으나, 어느 한 곳에서도 연락이 오지 않았다. 문제 원인을 분석하니 자신에게는 특별하게 내세울 성과나 이력, 전문성이 없다는 결론이 나왔다. L씨는 전문성을 쌓기 위해 사회교육기관에서 수강하여 자격증이나 수료증을 딴다고 하여도 큰 도움이 안 된다는 판단을 내리고, 홀로서기라는 다른 길을 연구하며 찾기 시작했다.

　L씨가 선택한 것은 자판기 사업이었다. 자판기 사업의 첫 번째 키워드는 어느 곳에 설치하느냐이다. L씨는 일단 자신이 유통 회사에 다닐 때 인맥을 쌓은 한 납품 회사 휴게실 두 곳에 커피 자판기를 설치할 수 있었다. 다음은 좋은 제품을 저렴하게 구매할 수 있는 소모품 구매 경로를 만드는 것이 중요했다. 유통 회사에 커피를 납품하던 협력사의 도움으로 L씨는 청량리 경동 시장 H상사와 천호동 암사 시장의 L상사를 소개 받았다. 그 중 집과 가까운 암사 시장에서 물건을 구매했다.

　그 다음은 자판기 청소와 관리가 문제였다. 기후나 환경 여건, 사용 미숙으로 자판기는 언제든지 고장을 일으킬 수 있다. 그래서 L씨는 내부 협력자를 만들고, 급할 때는 그들의 도움으로 즉시 문제를 해결했다.

　지금은 L씨의 사업장이 택시 회사 네 곳, 제조 공장 세 곳으로 확대되었지만, 그는 관리 문제도 효율적으로 해결하고 있다. 같은 사업을 하는 사람들끼리 모임을 하기도 하고, 급한 A/S건이 생기면 현장에서 가장 가까이 있는 사람이 그 일을 대신하도록 함으로써 시간과 비용을 절감하고, 구매할 것이 있으면 한꺼번에 모아 주문함으로써 더 저렴한 조건으로 물품을 공급받고 있다. L씨의 자판기를 사용하는 사람들은 자판기 커피 맛을 조정하려 하거나 고장 때문에 A/S를 요청하면 10분 안에 처리하는 그를 자판기 전문가라 부른다. L씨는 1주일에 3회 자판기를 설치한 곳으로 방문한다. 나머지 시간은 주로 가족과 시간을 보내는 편이다. 단, 새벽에는 2년 후에 떠나기로 한 세계 배낭여행을 위해서 어학 공부를 하고, 저녁에는 건강을 위해서 헬스클럽에서 열심히 달린다.

교육산업, 컨설팅산업, 컴퓨터산업, 자동화산업, 반도체산업, 하이테크산업, 정보통신, 금융산업, 디자인산업에만 전문가가 있는 것은 아니다. 전통적인 분야라도 전문가는 존재한다. 해당 분야에 전문성을 가지고 있으면 된다. 가치 있고 의미 있는 분야라면 더 좋을 것이다.

가장 궁금한 것은 이런 사업을 혼자 하는 사람이 한 달에 버는 수입일 것이다. L씨의 월 평균 수익은 4~5백만 원 정도이다. 필자가 홀로서기를 시작한 초창기 때는 월 수익이 1~3백만 원 정도였다. 그러나 몰입과 집중도가 높아지고 전문성이 커질수록 수익과 부가가치는 놀라울 만큼 향상되었다.

전문가란 자신의 분야에서 세계 최고의 전문성을 가져야 한다. 열정을 다해 일에 올인할 수 있어야 하며, 최고의 수익도 창출해야 한다. 자신의 일을 사랑하지 않으면 절대로 전문가가 될 수 없다. 자나 깨나 하는 일만을 생각하고 더 발전할 수 있는 방법만을 연구해야 한다. 미래는 전문가만이 돈벌이가 가능한 세상이 될 것이다. 진정한 자신의 실력으로 홀로서는 전문가가 될 수 있도록 지금부터 준비해야 한다.

02
브랜드 개발과 확장 전략

　개인 브랜드 개발이라 하니 생소할지 모르겠다. 사람들은 기업에
만 브랜드가 있는 것으로 알기 때문이다. 홀로서기를 하는 개인은
기업의 브랜드 가치보다 더 특별한 자신의 정체성을 포함한 브랜드
를 만들어야 가치를 높일 수 있다.

　우선 기업에서 말하는 브랜드에 관해 알아보자. 브랜드란 '제품
및 서비스를 구분하는 데 사용되는 명칭, 기호, 디자인 등의 총칭'
이다. 한마디로 말하면 '상표'이다.

- 한국의 맛 다시다 – 조미료 시장의 대표 브랜드
- 침대는 가구가 아닙니다. 과학입니다.
  에이스 침대 – 가구산업의 대표 브랜드
- 삼성 래미안 – 아파트 산업의 대표 브랜드
- 2위여서 당신에게 더 잘하겠습니다.
  AVIS 렌터카 – 렌터카산업의 대표 브랜드
- 삼성이 만들면 다릅니다. – 전자·반도체산업의 대표 브랜드
- 깨끗한 맥주, 하이트 – 맥주산업의 대표 브랜드

　　기업에서는 상표를 알리기 위해 다양한 채널을 이용하고 광고와 홍보를 통해 판매를 확대시키는 활동을 한다. 그 결과 구매자들은 상표를 기억하고 구매 충동을 느낀다. 구매 충동을 일으키게 하는 것까지가 마케팅 활동이다. 구매자가 구매 충동을 느끼는 상황에서 매장 판매원이 상품을 보여주거나 권하면 구매로 이어진다. 이 과정을 판매 활동이라 말한다.

　　제품 생산에서 마케팅 활동을 거쳐 판매 활동까지 구매자에게 믿음을 심어주지 못하면 제품은 판매되지 않는다. 브랜드를 만드는 일련의 과정은 믿음이기 때문이다. 바꾸어 말하자면 믿음이 생겨야 브랜드를 구매한다는 뜻이다. 따라서 브랜드는 믿음이라 할 수 있다.

브랜드 ⇒ 믿음

이제는 개인 브랜드에 대해 알아 보자.

개인 브랜드란 개인의 정체성을 포함한 상표이다. 기업에서의 제품 생산 분야는 개인에게는 전문 분야에 해당한다. 개인의 마케팅 활동은 어떤 도구신문, 잡지, TV, 인터넷, 동호회, 저널 등를 활용해 자신을 필요로 하는 사람들에게 알릴 것인가 하는 것이 문제이다. 나를 알리는 활동은 나를 고용하는 기업의 최종 선택을 말한다.

그렇다면 브랜드 안의 정체성은 무엇인가? 정체성이란 나를 대표하는 핵심 가치이다. 정체성은 오랜 시간 동안 만들어지기 때문에 인생의 목표이기도 하다.

그럼 정체성이 가미된 브랜드란 무엇일까? 쉽게 표현하면 자신의 인생 목표가 실린 대표 상표이다.

김구 선생 – 독립 운동가
히딩크 감독 – 꿈을 이루어내는 축구 조련사
빌 게이츠 – 정보기술산업의 창시자
강의하는 필자 – 기업의 길을 여는 사람

당신의 정체성은 무엇인가?

한 분야에서 전문가로 성공하기 위해서는 정체성이 실린 브랜드를 개발해야 한다. 이는 당신이 살아가는 이유가 되며, 열정과 자신 감을 만들어준다. 그리고 한 곳으로 집중할 수 있는 몰입을 독려해서 성공하기까지 걸리는 시간을 단축하는 역할도 한다. 우선 지금의 위치에서 당신의 정체성이 실린 브랜드를 만들어보기 바란다.

정체성을 만들기가 어렵다면 당신이 죽었을 때 묘비에 남기고 싶은 글을 기록해보라. 그것이 당신의 정체성을 말해줄 것이다.

확장 전략

마케팅 활동과 세일링 활동은 확장 전략이다. 더 나아가서는 사업의 확대 전략도 여기에 포함할 수 있다. 자신을 알리고 일을 의뢰받는 활동은 미시적 확장 전략, 사업 확대 전략은 거시적 확장 전략이라 할 수 있다.

미시적 확장 전략에는 두 가지 방법이 있다. 푸시push 전략과 풀pull 전략이 그것이다. 푸시 전략은 자신에게 영향력을 줄 수 있는 기관이나 단체를 일일이 찾아다니면서 자신의 존재를 알리는 전략이고, 풀 전략은 관련 기관들이 스스로 자신을 찾아올 수 있게 하는 전략이다.

사업 초반에는 푸시 전략으로 진입해야 한다. 푸시 전략을 할 때는 자칫 공격적으로 영업을 하기 위해 많은 사람을 채용하게 될 수 있으므로 각별히 주의하며 철저히 혼자서 공격해야 한다. 홀로서기가 아닌 회사를 만들어 사업을 시작하는 상황으로 바뀌면 비용이 많이 발생하고 더 큰 어려움을 맞게 될지도 모르기 때문이다. 전문성과 정체성이 실린 브랜드 인지도가 높아지면 어느 날 자신도 모르는 사이 푸시 전략에서 풀 전략으로 이동하게 된다. 이름도 모르는 기관이나 단체에서 자신을 찾기 시작하고 불러주기 시작하면서 보수가 놀랄 만큼 올라가는 것을 실감하게 될 것이다.

거시적 확장 전략은 자신의 전문성이 외부인에게 확실하게 인정받았다고 판단될 때 시도해야 한다. 지금 하는 전문 분야와 밀접한 연관성이 있고, 적합도가 높고, 유사성이 깊을수록 성공할 확률이 높다.

박진영 : 가수 김건모의 백댄서로 방송 출연 ➡ 가수로 데뷔 ➡ 엔터테인먼트 설립 가수 '비' 육성

박진영 씨는 처음에 가수 김건모의 백댄서로 TV에 출연했다. 그 후 솔로 가수로 데뷔했으며, 산업 간 연관성과 유사성이 높고 적합도가 있는 연예계 관련 엔터테인먼트 회사를 설립하여 거시적 확장을 시도했다. 연관성이나 유사성, 적합도가 높은 산업으로 확장을 시도할 경우 무상으로 신뢰를 보장받을 수 있다.

그렇다면 왜 거시적 확장 전략이 필요한가? 미시적 확장 전략만으로는 개인의 능력에 한계가 있기 때문이다. 이를 더 큰 성과로 확장하려면 개인보다는 팀을 구성해야 한다. 효과를 극대화하기 위해 팀을 구성하면서 거시적 확장 전략으로 이동해야 브랜드와 전문성

이 오래 유지되고, 기대 이상의 성과를 보장받을 수 있다. 그러나 단지 미시적 확장 전략을 지속하기 위해 팀을 구성하는 것은 어리석은 일이다.

경쟁에서는 브랜드가 필요하다. 먼저 브랜드가 주는 의미와 효과는 무엇인지 살펴보자.

첫째, 브랜드는 믿음을 강화시켜준다.

구매는 사람들이 브랜드를 보고 그 제품의 성능을 믿기 때문에 이루어진다. 많은 제품 중에 '비트'라는 세제를 사는 이유는 무엇일까? 디자인이 멋져서도 아니고, 가격이 저렴해서도 아니다. 때가 쏘옥 빠지기 때문이다. LG전자 제품에 대해서는 주부들 사이에 "고장 나지 않는다."는 입소문이 돌았다. 한편, 경쟁사인 삼성전자에 대해서는 "A/S가 가장 잘되는 기업이다."라는 입소문이 돌았다. 주부들은 어느 회사의 제품을 구매했을까? 그 답은 삼성전자의 제품이다. 왜일까? 삼성전자는 제품을 사용하는 동안 고장이 나더라도 신속한 A/S로 대처해준다는 믿음을 소비자에게 확실하게 심어주었기 때문이다.

소주 시장에 '처음처럼'이란 브랜드가 저알코올 소주로 출시되었을 때, 사람들은 저알코올이므로 마시던 모습 그대로 내일 아침을 맞이할 수 있을 것이라는 믿음을 가졌다. 브랜드와 믿음이 일치했기 때문에 처음처럼은 출시와 더불어 소주 시장을 휩쓸었다. 이렇게 브랜드란 당신과 당신의 전문성에 대해 믿음을 높여준다.

둘째, 브랜드는 정체성을 명확하게 해준다.

정체성이란 인생의 목표이다. 목표가 분명한 사람은 일관성 있게 집중할 수 있는 탁월한 능력을 가질 수 있다. 브랜드는 정체성을 확립하여 소비자들에게 한결같은 신뢰를 만들어준다.

셋째, 브랜드는 고객의 가치를 드러낸다.

브랜드는 고객으로부터 가치를 평가받는다. 자신이 제시하는 가격을 고객은 냉정하게 외면할 때도 있다. 인정할 가치가 되지 않는다는 무언의 시위인 것이다. 명품을 구매하는 이유 중 하나는 그 제품의 가치까지도 소유할 수 있기 때문이다. 최고 아파트 브랜드인 '삼성 래미안'을 선택하는 이유도 브랜드 가치가 여성의 자존심을 드러내기 때문이다. 믿음과 신뢰도가 높은 브랜드일수록 시장 선호도가 높아 수익을 보장받는 프리미엄 상품이 된다. 이것이 가치 있는 브랜드가 지속성을 유지하는 이유이다.

넷째, 브랜드는 수익을 높여준다.

효과가 검증된 좋은 브랜드의 상품은 고객의 뇌리에 각인된다. 재구매로 지속적인 수익을 내는 것은 두말할 필요도 없다. 이것은 사람의 경우에도 마찬가지이다. 좋은 브랜드로 명성을 얻는 강사를 초빙하려면 최소한 3~6개월, 심지어 1년 전에 강의 의뢰를 해야 한다. 그동안 강사의 몸값이 올라가고 불려 다니는 곳이 많기 때문이다. 찾는 곳이 많아질수록 몸값이 올라가고 수익도 늘어나는 것은 당연하다.

다섯째, 브랜드는 유리한 확장 전략을 지원한다.

미시적 확장으로 팀을 구축해서 새로운 비즈니스로 진입하는 거시적 확장 전략으로 전환할 때 브랜드는 연관성, 유사성, 적합도가 높은 산업으로 확장시켜준다. 브랜드가 고객들에게서 신뢰와 믿음을 덤으로 얻을 수 있게 하고 성공 가능성도 높여주기 때문이다.

여섯째, 브랜드는 경쟁에서 유리한 고지를 점령하게 한다.

표적 고객을 향해 일관성 있게 하나에 집중된 모습을 보여주면서 오랫동안 노력한 사람은 자신의 정체성도 확보하고, 경쟁 관계에서도 우위를 차지한다. 좋은 브랜드를 만들기 위해서는 무엇보다도 목표를 향한 일관성을 유지해야 하는데, 일관성은 브랜드 가치를 높이는 힘으로 작용한다. 따라서 경쟁이 치열하고 힘 있는 브랜드는 더욱 그 가치를 발휘한다.

지금의 위치에서 당신의 정체성을 확인해보기 바란다. 회사에서 생활했던 모습 그대로 묻어가거나, 누가 대신 당신이 해야 할 일을 해줄 것이라고 믿고 의지하던 습관은 철저히 버려야 한다. 그렇지 않으면 브랜드조차 만들어내지 못하고 홀로서기에도 실패할 수 있다.

가장 잘할 수 있는 것을 찾아 당신의 브랜드를 개발하기 바란다. 당신의 정체성이 녹아 있는 브랜드는 경쟁에서 유리한 고지를 점령하고 당신의 부가가치를 높이는 키워드가 될 것이다.

03
핵심 가치 발견과 차별화 전략

당신이 어떤 능력을 가졌는지는 두 가지 영역에서 점검해볼 수 있다. 그 하나의 영역은 현재 업무나 일에서 찾는 것이다. 또 다른 영역은 지금 하지는 않지만 정말 좋아하는 것이나 하면 잘 될 것 같은 것을 선택하는 것이다. 이렇게 찾아낸 능력을 어떻게 남과 다르게 차별화하여 경쟁력을 높이고, 지속성을 유지하면서 부가가치를 향상시켜 갈 것인지 알아보자.

필자는 대학생에게 취업 전략 강의를 할 기회가 많다. 강의를 듣는 학생들은 대부분 3, 4학년이지만 자신의 진로에 대해 명확한 목표를 가지고 있거나, 어느 회사의 어느 부서에서 일하고 싶다고 이야기하는 학생은 드물다. 성적순으로 학교와 전공을 선택하고, 졸업할 때 성적만으로 세상의 문을 열려고 하니 당연히 어려울 수밖에 없다.

어렵게 입사한 회사에서도 자신의 적성이나 재능과는 무관하게 졸업한 학과를 바탕으로 업무를 배정받거나(그나마도 이런 사람은 다행이다), 그렇지 않은 사람은 전공 공부와 무관한 부서로 배정되어 머릿수를 채우는 땜빵 역할을 수행할 뿐이다(참 불행한 경우이다).

여러 기업에 합격한 4학년 학생이 회사를 선택할 때 종종 이런 질문을 한다.

"교수님 삼성전자에 합격했고, 은행권 회사에서도 합격 통지서가 왔는데, 어디를 가면 좋겠습니까?"

필자의 대답이 그 학생의 인생을 결정짓는다면 너무 잔인할 수 있다는 생각이 들었다. 그 잔인한 책임을 필자가 왜 져야 하는지 이유를 몰라 학생에게 물었다.

"자네는 두 회사 중 어디가 마음에 드는가?"

그러면 대부분 학생들은 삼성전자는 최고 회사라는 브랜드가 있어 자존심과 체면을 세우기에는 좋지만, 은행권 회사는 연봉이 조금 더 높은 강점을 가지고 있다며 고민한다. 주위 시선을 의식하여 체면과 돈이라는 문제를 놓고 갈등하는 것이다.

당신은 지금까지 살아본 결과 체면과 돈 중에 어느 것이 더 중요했는가? 체면도 돈도 아니었다면 진로 선택에 이보다 더 중요한 것은 무엇일까?

다시 학생에게 질문했다.

"체면과 돈 중에 하나를 선택한다면 무엇을 선택하겠나?"

한참 지나서야 학생은 돈이라고 했다. 현명한 학생이고, 이유는 간단하다. 돈이 있으면 체면은 채워질 수 있기 때문이다.

다시 질문을 던졌다.

"10년 후쯤 지금 일하는 회사에서 80%의 화이트칼라가 퇴출당한다면 그때도 자네는 남아 있을 자신이 있는가? 일의 노예가 되지말고, 정말 일이 즐겁고, 행복하고, 보람을 느끼고, 살아가는 이유가 되어야 계속 남아서 일을 할 수 있네!"

학생은 이렇게 대답했다.

"저는 사실 은행에서 무엇을 하는지 잘 모릅니다. 그저 취업하려고 열심히 공부했을 뿐입니다."

최종 결론을 내려야 하는 순간이 왔다.

"이 다음에 후회할 선택을 하지 않길 바라네. 체면이나 돈이 아니라 평생 행복하게 할 수 있는 좋아하는 일을 선택해야 후회하지 않을 것이네. 좋아하지도 않는 일을 위해 10년, 20년을 투자하지 말고, 지금부터라도 행복하게 할 수 있는 일을 찾아 에너지를 집중시키면 전문성이 커지고, 자신의 가치 브랜드도 높아지고, 몸값도 올라갈 것이야. 그러면 자연스럽게 돈도 벌고, 명예까지 얻을 수 있지. 정말 행복할 수 있는 선택을 하기 바라네."

이제 홀로서기에 필요한 개인의 능력과 관련된 보유 자산에 대해 구체적으로 살펴보겠다. 개인의 학벌, 폼 나는 회사, 회사에서 부여한 직위, 연봉 같은 것은 능력의 일부를 말해주기는 하지만 전부는 아니다. 왜냐하면 그것은 변동이 가능하기 때문이다. 그러므로 변하지 않는 자신의 잠재능력을 살펴봐야 한다. 여기서부터는 잠재

능력의 영역에 관한 이야기이다.

꿈의 자산

홀로서기 능력 중에 가장 먼저 생각하고 결정할 것이 바로 꿈의 자산이다. 나머지 자산은 모두 꿈의 자산에 초점이 맞춰지고 꿈에 따라 존재 이유와 가치가 만들어진다.

꿈의 자산이 만들어지지 않으면 절대로 홀로서기를 시도해서는 안 된다. 꿈이 없는 사람에게 필자가 할 수 있는 충고는 현재의 일자리를 꽉 붙들고 죽도록 충성하라는 것이다. 그래서 지금의 회사를 업계 1등으로 만든 다음 원한다면 다른 회사로 옮기길 권한다. 그러면 다른 회사로 옮길 때 몸값이 올라갈 것이다. 왜냐하면 1등 회사에서 왔기 때문이다.

그러한 사람은 옮긴 회사에서도 다시 1등을 할 수 있다. 이유는 간단하다. 1등 하는 방법을 알고 갔기 때문이다. 지금 회사가 업계에서 2등 한다면 절대 다른 곳으로 옮기면 안 된다. 대접받지도 못할 뿐더러 그곳에서도 2등밖에 못할 것이다. 이유를 말하자면 1등 하는 방법을 모르고 있기 때문이다.

꿈은 인생의 목표이며, 에너지 충전원이면서 가야 할 방향을 제시한다. 그러므로 꿈은 단 하루라도 가슴에서 잊어버리지 말아야 한다. 또한 꿈은 자신의 정체성을 명확하게 대변해주므로, 살아가는 동안 겸손한 사람으로 만들어준다. 정체성이 명확한 사람은 몸에 에너지가 쌓이고 당당한 모습으로 변화된다.

　꿈을 이루기 위해서는 두 가지가 필요하다. 하나는 방향을 제시하는 나침반이다. 다른 하나는 현재 당신이 서 있는 위치 정보이다.

　진정 당신이 꿈을 이루려면 현재 서 있는 위치를 명확하게 파악하고, 꿈을 이루기 위해 걸림돌이 되는 것을 찾아 제거해야만 한다. 그 걸림돌은 당신 스스로 극복해야 할 문제이다. 만약 당신이 힘들어 포기한다면 나침반은 아무런 역할을 하지 못할 것이며, 걸림돌은 당신의 인생에 영원한 장애로 남게 될 것이다.

　지금 당신의 꿈을 점검하기 바란다. 단 하루라도 잊지 않고 당신을 설레게 하고 집중하게 하며 몰입할 수 있게 하고 에너지를 충전시켜주는 것이 꿈이다. 그러므로 무엇보다 자신의 꿈을 명쾌하게 결정할 수 있어야 한다.

능력 자산

　모든 사람은 어느 정도 능력을 부모에게 물려받는다. 옛말에 "타고난 놈은 못 이긴다."라는 말이 있다. 달리기 능력을 타고 난 사람은 연습을 매일 하지 않더라도 기회가 오면 맹연습을 한 주전 선수보다 월등히 좋은 성적으로 입상해버린다. 이 사람에게는 달리기 재능이 바로 고유한 능력 자산이다.

　타고난 달변가들도 있는데, 언변력은 필자가 강의하면서 늘 부러워하는 능력 자산이기도 하다. 당신이 뛰어난 언변력을 자산으로 물려받았다면 명강사에 도전하라 권하고 싶다. 달변가는 일단 명강사가 될 수 있는 51%의 가능성을 소유했다고 보면 된다. 조금만 지도를 받으면 크게 성공할 수 있을 것이다.

창의적인 생각을 자주 하고 디자인에 재능이 있다면 그 또한 놀라운 축복이다. 모든 제품은 디자인으로 통하기 때문이다. 톰 피터스는 '디자인 = 영혼'이라 했다. 창의력과 디자인 방면에 재능이 어우러진 사람이 크고 담대한 목표를 세워 집중하면 위대한 업적을 수없이 남길 것이다. 이렇듯 능력 자산은 개개인을 특징짓는 가장 명쾌한 자산이다.

꿈을 결정할 때는 자신의 능력 자산 중에서 가장 우수한 재능을 발휘할 수 있는 것으로 선택하기 바란다. 꿈의 자산을 능력 자산에서 찾아 선택한다면 훗날 크고 위대한 업적을 남길 수 있다.

상품화 자산

이 말이 생소할지 모르지만 머릿속에 가장 오래도록 기억에 남을 것으로 확신한다. 왜냐하면 처음 듣는 말일지라도 당신의 인생을 좌우할 만한 것이기 때문이다.

'상품화에 대한 자산'이란 자신의 지식을 진보시켜 상품화한 자산이다. '지식을 진보시켰다'는 말부터 해석해보자. 1700년대 철학자 프랜시스 베이컨은 "아는 것이 힘이다."고 말했다. 맞는 말이다. 그러나 200년쯤 지난 1900년대에 포사다란 사람은 "아는 것을 실천해야 힘이다."라고 말했다. 이는 머릿속에서 아는 것, 즉 지식을 넣어두면 한낱 지식에 지나지 않는다는 말이다. 사람들은 포사다가 말한 것처럼 실천해야 힘이 된다고 생각했다. 다시 세월이 200년쯤 지난 지금 필자는 이렇게 말한다.

"아는 것을 지혜롭게 활용해서 상품화하는 것이 힘이다."

아는 것을 가치 있는 상품으로 만들고, 아는 것을 활용해서 돈이 되는 길을 열어야 한다. 단, 이 상품화는 수요자와 공급자 모두 윈-윈win-win 되어야 하며, 상호 만족해야 하는 것이다.

당신이 지금까지 공부한 지식, 사회에서 경험한 노하우, 수행했던 업무에서 터득한 기술을 모두 모아 홀로서기를 할 때는 상품화하는 능력으로 전환해야 한다. 상품화한 자산을 가지면 고객의 니즈needs가 아닌 원츠wants를 찾아서 제시할 수 있고, 고부가가치 컨설팅 상품으로 주목받을 수 있다. 본장에서는 상품화 자산에 관한 간단한 예를 몇 가지만 소개할까 한다.

상품화 자산의 사례

● 네이밍naming 시대

글로벌 환경으로 변화하면서 모든 국가의 기업들이 판매 경쟁 시대로 돌입했음을 부인할 사람은 없을 것이다. 대한민국 기업들은 판매 경쟁 시대에 얼마나 대비했는지 모르겠다. 지금까지 필자가 강의하면서 만나본 회사 중에는 글로벌 판매 경쟁 시대에 대처하기 위해 마음에 들 만큼 준비한 곳은 단 한 군데도 없었다.

그렇다면 판매 경쟁 시대에 판매를 담당하고 있는 사람들은 조직

내에서 가장 우수한 인재들일까?

경제인 아침 조찬회 특강을 할 때였다. "조직에서 가장 우수한 인재들을 기획실에 배치하지는 않았습니까?"란 질문에 99%의 회장단이 우수한 인재를 기획실에 배치했다고 인정했다. 다음 "조직에서 부족함이 있는 사람들을 영업부에 배치하지는 않았습니까?"란 질문에도 99%가 인정했다. 이 대답에 필자는 장내가 떠나가도록 소리쳤다.

"가장 우수한 인재가 영업을 책임져야 합니다. 그렇지 않으면 회사의 미래를 보장받을 수 없습니다. 회장님들은 어떻게 생각하십니까?"

그러자 회장들은 100% 옳다고 인정하였다.

"그들이 성과를 더 내고 신바람 나게 일할 수 있는 여건을 만들어 줘야 합니다."

필자가 이 말을 마치기가 무섭게 연회장은 갑자기 조용해졌다. 왜냐하면 회사에서는 열심히 지원하는데도 영업부에서는 만족할 만한 성과를 내지 못하고, 늘 경쟁사나 가격 디자인을 운운하면서 변명하기에 급급해 있었기 때문이다. 필자는 그 자리에서 한 가지 제안을 했다.

"영업부 직원들이 만족할 수 있는 성과를 내고 신바람 나게 스스로 목표를 향해 나갈 수 있도록 영업부란 이름을 바꿔주십시오. 그것도 오늘 당장 말입니다."

영업부에서 근무하는 89%의 사람들이 영업부란 이름보다 더 좋은 이름이 있다면 바꾸면 좋겠다고 한다. 왜냐하면 한국에서는 영업부에 근무하는 사람은 업무수행 능력이나 학벌이 떨어져서 영업부에 배치되어 물건을 판다고 생각하기 때문이다. 반면, 기획실에서 근무하는 사람은 학벌도 좋고, 서류나 문서도 잘 만들고, 머리에 든 것이 많은 사람들로 인식하고 있다는 것을 설문조사를 통해서 알고 있다고 했다. 예비 신입사원인 대학 4학년에게 두 부서를 놓고 물어 보면, 영업부에서 열심히 일해서 출세해보겠다는 학생은 고작 8%뿐이었으며, 기획실로 가겠다는 학생이 92%였다. 부서 이미지에 관한 설문조사에서는 영업부를 블루칼라 업무 부서로 보는 학생이 71%였으며, 기획실은 화이트칼라 업무 부서라고 생각하는 학생이 대부분이었다.

"아무도 영업부를 인정하지 않는 상황이라면 회장님께서는 영업부란 이름을 달고 신바람 나게 일할 수 있겠습니까?"

장내는 술렁이기 시작했다. 모든 회장들의 시선이 필자에게 집중되는 것을 느꼈다. 필자가 제안한 대로 한다면 회사의 성과에 직접적인 영향을 미칠 수 있다고 그들도 판단했기 때문이다.

"영업부란 이름을 기획실과 비슷한 이름으로 바꿔야 합니다. 왜냐하면 사람들은 머리에 많은 것이 들어있는 인재들이 모인 곳으로 보이는 기획실을 좋아하기 때문입니다. 영업하는 사람은 경영자의 전략을 실행하는 사람입니다. 영업하는 사람이 없다면 아마도 회장님들이 사장과 함께 물건을 판매하러 다니셔야 할 것입니다. 그들은 최고 경영자를 대신해서 경영 전략을 실행하는 사람들입니다. 그들의 이름을 '전략실행팀'으로 바꿔 주십시오. 전략실행팀! 기획실과 비슷하지 않습니까?"

장내의 박수 소리는 계속 되었다.

● 새로운 적의 발견

인쇄와 출판업을 하는 H사는 한때 매출이 800억 원이 넘었지만, 최근 200억 원대로 급감했다. H사의 사장을 비롯한 임원들이 연수원에 모여 매출 향상에 대한 워크숍을 하는데, 부서 간의 잘잘못을 따지느라 언성이 높아졌다. 그들은 매출 감소의 원인이 어디에 있는지 파악조차 하지 못한 채 학습지 회사를 따라잡기 위해 아이디어를 짜는 데 집중하고 있었다.

교과서를 만드는 회사의 경쟁사가 과연 학습지 회사일까? 물론 학습지를 만드는 C사는 8,000억 원대 매출을 올리고 있었지만, C사 또한 전통적인 비즈니스 구조와 푸시 경영으로 비용 손실이 많아 이익이 상당히 줄어들고 있는 실정이었다.

교과서와 학습지를 만드는 회사의 경쟁사는 다른 곳에 있다. 인터넷 시장이 확대되면서 다양한 교육 콘텐츠를 개발해 고객의 원츠를 선도하는 온라인 교육산업이 급격히 성장하고 있었기 때문이다. 온라인 교육 콘텐츠를 개발한 M사는 서울 강남구 대치동과 도곡동에서 150만 원하는 오프라인 영어 교육을 온라인에서 50만 원대로 가격을 낮추고 5,000명이 동시 수강이 가능한 프로그램으로 개발했다. 그 결과 회사 주식도 주당 33만 원 하는 우량 기업으로 성장했다. H사는 교육 환경 변화와 소비자의 트렌드를 읽지 못했기 때문에 기존의 사업 영역인 인쇄와 출판 사업만 고집하다가 매출이 줄어든 것이다. 인쇄와 출판 사업도 새로운 적을 찾아내고, 새로운 싸움의 방식을 연구해야 한다.

짐 콜린스의 말에 따르면, 갬블Gamble사는 1999년에 세계에서 위대한 기업 17개사에 선정되었으나, 일 년이 지난 2000년에는 성장했던 것보다 더 큰 폭으로 추락하는 경험을 해야 했다. 매출도 40%가 넘게 떨어지는 위기에 직면했다.

생활필수품을 생산하는 갬블사가 매출이 급속히 추락한 이유는 무엇일까? 같은 동종 산업인 스콧페이퍼나 유한킴벌리가 경쟁에서 이겼기 때문이 아니라, 새로운 산업 분야에서 적이 출현했기 때문이다.

여성 생리대와 화장지가 주력 상품인 갬블사의 새로운 적은 바로 비데산업이었다. 2000년부터 활성화되기 시작한 비데산업이 직접적인 타격을 주었던 것이다.

갬블이든 유한킴벌리든 새로운 적을 막을 수는 없을 것이다. 다만, 살아남기 위해서는 기존의 전략이나 경쟁 방식에서 벗어나 새로운 방식으로 재무장해야 한다.

카메라 필름을 생산하고 판매하던 코닥도 디지털 카메라에 밀려 명성을 잃어가고 있다. 뒤늦게 디지털 카메라를 생산하여 2004년 시장에 출시했지만, 핸드폰 카메라에 밀려 다시 경쟁력을 잃고 말았다.

● 싸움의 방식 제안
경영학에서 배우는 제품 메트릭스metrics : 시장과 제품의 관계를 설명한 표를 활용하여 싸움의 방식을 연구해볼 수 있다.

첫 번째는 시장 침투 전략이다. 기존 제품으로 기존 시장에 새로운 가격과 포장지만 바꿔서 진입하는 것이다. 이 상황에서는 기존 제품의 품질이 떨어져서 매출이 감소하는 것이 아니므로, 품질이나 기능을 향상시킨다고 매출이 상승하지는 않을 것이다. 따라서 시장 침투 전략은 효과가 없을 것이다.

두 번째는 제품 확장 전략이다. 신제품을 만들어 기존 시장에 진입하는 방식이다. 신제품을 개발하려면 시간과 인력, 비용이 발생한다. 기존 상품보다 탁월한 기능이 더해진 경우라도 투입 비용을 감안한다면 비대산업이 대세인 시장에서 매출 상승은 한계가 있을 것이다.

세 번째는 시장 확대 전략이다. 기존 제품으로 다른 신시장에 진입하는 시장 확대 전략은 제품 개발 비용이나 인력이 들지 않는 강점이 있다.

네 번째는 다각화 전략이다. 이는 신제품을 개발해서 신시장으로 진입하는 전략이다. 그렇다 보니 시간과 인력, 비용이 들고, 시장 개척을 위한 노력이 필요하다.

다각화 전략의 새로운 시장 진입 방법은 네 가지가 있다.

첫째는 M&A 방법이다. 이는 가장 빠르고 신속한 전략으로 신시장의 마켓슈어 market sure : 시장을 점유하고 있는 범위를 가진 회사의 최대 주주가 되어 그들의 유통 경로, 인프라, 시스템을 즉시 활용할 수 있다는 장점이 있다. 예로 GM General Moters이 대우자동차의 최대 주주가 되어 그곳의 자원을 활용하고 있는 사례이다.

둘째는 기술 이전이다. 마켓슈어를 가지고 있는 회사를 선정하여 자사가 보유한 기술을 이전하면서 지분을 확보하는 방법이다. 지분을 확보하는 경우도 수익의 일부를 취할 수 있기에 좋은 전략이라 할 수 있다.

셋째는 양해 각서MOU : Memorandum of Understanding ; 기존 협정에서 합의한 내용을 좀 더 명확하게 하거나 기존 협정과 관련된 후속 조치를 취하겠다는 내용을 담은 글 체결로 시장에 진입하는 방법이다. 이는 진입하고자 하는 시장의 회사를 선정하여 양해 각서를 체결하고 일정한 마진을 보장해주면서 자사 물건을 대신 판매할 수 있도록 하는 방법이다. 판매 경쟁력과 자금력이 있는 파트너를 선정하는 문제점만 해결하면 빠르고 신속하게 진입할 수 있는 전략이다.

넷째는 합작 또는 직영으로 시장에 진입하는 방법이다. 이 방법은 시설을 갖추거나 인력을 채용하고 시장을 새롭게 개척해야 하는 문제점이 있으나, 자사의 전략을 담을 수 있다는 이점이 있다.

제시한 새로운 시장의 네 가지 진입 방법 중에 어떠한 방법을 선택하더라도 주의할 점은 가장 안정적이면서 효율적인 경영을 하는 것이다. 자사의 여건과 환경을 고려하여 적은 비용으로 새로운 시장을 개척할 수 있는 전략을 선택하는 것이 중요하다.

● 브랜드 콘셉트 제안
브랜드 콘셉트concept는 소비자에게 기업이나 제품을 각인시키기 위해 만든 표어와 광고문구로 만들어진다. 브랜드 콘셉트가 명쾌해지면 소비자는 기업과 제품에 대해 신뢰하여 구매를 하거나 제품을 남들에게 추천도 한다. 브랜드 콘셉트는 혁신층innovator을 만들어 조기 수용자들을 설득해서 상품이 시장에 출시되면 즉시 구매로 이어지게 하는 역할을 한다. 몇 가지 제품 사례를 소개하면서 최근 여성 속옷을 생산하는 회사에 제안한 브랜드 콘셉트의 사례를 들어보겠다.

우선 시장에 이미 알려진 제품이나 기업의 브랜드 콘셉트에 관한 예시이다. 대형할인점에는 여러 가지 조미료가 많다. 다수의 주부들이 그 많은 제품 중에 다시다를 구매한다. 왜 다시다만 고집할까? 맛을 내기 위해서라는 이유가 아니다. 자신에게 인식된 브랜드 콘셉트를 기억하고 있기 때문이다. 다시다의 브랜드 콘셉트는 '고향의 맛'이다. 고향의 맛이란 브랜드 콘셉트 때문에 소비자들은 조미료를 구입할 때 '다시다'를 다른 제품보다 먼저 떠올리고 매장에서 눈에 띄지 않으면 다른 매장을 찾아 가서라도 구입을 한다.

또 다른 한 예를 들어보겠다. 많은 사람들은 침대 중에서는 에이스 침대를 선호한다. 에이스 침대의 표어는 '침대는 가구가 아니라 과학입니다.'이다. 이 표어는 수면 중 편안함과 안락함을 느끼도록 침대를 과학적으로 설계하고 만들었을 것이라는 믿음을 소비자들에게 준다. 고객에게 이러한 신뢰를 줌으로써 결과적으로 에이스 침대를 가구산업의 대표 브랜드로 성장할 수 있게 했다.

한국의 많은 소비자는 삼성 제품을 선호한다. 삼성의 표어는 '삼성이 만들면 다르다.'이다. 그 속에는 다르기 때문에 특별하다는 의미가 들어 있으므로 삼성 제품을 선호하게끔 한다.

필자는 브랜드 콘셉트가 명확하지 않은 여성 속옷 회사에서 강의할 기회가 있었다. 인터넷을 통해 회사 정보를 살펴보고, 경쟁사의 상품도 두루 둘러보았다. 아주 많은 속옷 브랜드가 있었지만, 브랜드 콘셉트가 명확한 회사는 보이지 않았다. 과연 여성 속옷의 브랜드 콘셉트로 적합한 것이 무엇일까를 여러 날 고민했다. 그러던 중에 괜찮다 싶은 아이디어가 하나 떠올랐다.

'내 남자가 더 행복해지는 속옷!'

여성들이 많은 브랜드 중에 S사의 속옷을 선택하는 이유는 내 남자가 더 행복해질 것이란 믿음을 브랜드가 심어주고 있기 때문이다. 남자들도 애인이나 부인에게 속옷을 선물할 기회가 생기면 주저 없이 S사의 속옷을 선택할 것이다. 이유는 간단하다. 자신이 더 행복해질 수 있기 때문이다.

지금까지 말한 내용은 상품화 자산에 관한 것이다. 이제는 여러분이 아는 것들 즉, 지식을 상품화하는 사람이 승리할 것이다. 지식을 상품화하면 이 또한 경쟁력을 높이는 귀한 자산이 된다.

시장의 판세가 하루가 다르게 변하는 환경에서 홀로서기를 한다는 것은 어려움이 많다. 그러나 위기가 기회란 말이 있듯이 그간의 지식을 바탕으로 꾸준히 연구해서 상품화 작업을 하는 사람은 큰 성과를 낼 수 있다.

당신을 만난 기업이나 파트너가 당신을 통해 경쟁력을 갖추고 성장할 수 있다면 홀로서기를 성공하리라 확신한다. 상품화 전략은 지금까지 경험하고 학습한 것들에 대해 좀 더 집중하고 몰입하면 만들 수 있는 것들이다. 그러나 회사에서 생활하던 방식과 사고로는 경쟁력을 갖추기 어렵다. 특별하게 생각하고 더 집중해서 상품화 전략을 연구해야 한다. 해보지도 않고 미리 포기하지는 말기 바란다. 필자도 여러 날 고민해서 얻은 아이디어이다.

무엇보다도 '할 수 있다는 자신감'을 가져야 한다. 당신도 경쟁력 있는 분야에서 집중하면 좋은 아이디어들을 찾아낼 수 있을 것이라고 확신한다.

네트워크 자산

이는 자신이 가진 능력의 한계성을 보완할 수 있는 자산이다. 많은 사람들이 21세기 경영에 가장 중요한 것은 네트워크라고 한다. 그런데 대부분의 사람들은 직장 동료들 하고만 어울린다. 산행을 하거나 여행을 가거나 스포츠를 즐길 때도 늘 회사 사람과 함께 한다. 이런 사람은 폭넓은 네트워크를 형성할 수 없다. 가능한 다양한 산업과 분야에 있는 사람들과 접촉하고 어울릴 수 있는 기회를 만들어가는 것이 좋다. 그들에게서 다양한 분야의 전문 지식을 얻을 수 있고, 때로는 도움도 받을 수 있어 유익함이 많기 때문이다.

필자도 참가하는 사회 모임이 있다. 이글 클럽이란 젊은 CEO들의 모임이다. 필자는 아침 조찬회 강연을 갔다가 그 클럽 회원이 되었다. 대우자동차 판매 주식회사 이동호 사장님이 클럽의 회장이시다. 회원들은 매월 2회씩 조찬 모임을 통해 외부 전문가들의 특강도 듣고, 아침식사를 함께 하며 사업에 대한 이야기도 교류한다. 개업 또는 신규 사업에 진입하는 회원들에게는 회원들이 투자를 하거나, 판로를 개척해주는 역할도 하고, 경험이 있는 사람은 코치 역할을 하기도 한다. 가끔은 함께 골프를 치며 체력 단련과 친목을 도모하면서 경조사도 적극 참여한다.

회원들은 IT산업, 디자인산업, 가구산업, 유리산업, 자동차산업, 금융산업, 건설산업, 교육산업, 휴양시설 등의 CEO 위치에 있다. 이런 각종 분야에서 열정을 가지고 일하는 CEO를 매달 만날 수 있다는 것은 필자에게는 큰 행운이다. 그들을 통해 여러 분야의 변화를 읽고, 새로운 아이디어를 연구하기도 하고, 시장의 판세를 예측할 수 있기 때문이다.

다양한 산업에서 일하는 사람들과의 네트워크 형성은 당신의 성공을 지원하는 든든한 후원자를 곁에 두는 것이나 마찬가지이다. 당신이 가진 네트워크 또는 인프라 자산은 시간을 훨씬 앞당겨 목표를 달성할 수 있게 해줄 것이다.

혼자의 한계성을 실감할 때는 미시적 확장으로 팀을 구성하는 전략을 세우면 된다. 이것도 하나의 네트워크를 결성하는 것이다. 그러나 결코 아날로그 시대에 사용하던 팀이 아니라 서로를 보완, 보충하는 팀이 되어 상호 시너지 효과로 이어지는 과정을 만들어야 한다.

그러나 네트워크 환경에서도 결론은 다음의 하나이다.

"내 일은 내가 한다."

당신이 팀 구성원에게 걸림돌이 되어서도 안 되고, 팀 구성원이 당신에게 걸림돌이 되어서도 안 된다. 서로 나눌 수 있는 사람끼리 모여야 한다. 다시 말해, 각 분야의 전문가들만이 모여야 한다는 뜻이다. 단, 넘치는 것을 공유하고, 부족한 지혜를 보완하며, 더 효율적인 전략으로 공동의 지혜를 만들어내야 한다.

이 네 가지 능력 자산 중에 가장 우수한 것을 꿈의 자산으로 삼고, 나머지 자산은 실행의 자산으로 활용하면 된다. 먼저는 부모에게 타고난 것이 있는지, 능력 또는 끼라고 생각되는 것이 있는지 살펴보기 바란다. 아무 것도 찾을 수 없다면 당신이 하면 잘 어울리고 성공하겠다고 주변 사람들이 말한 것들 중에서 찾는 것도 좋은 방법이다.

차별화 전략

남과 다른 나를 만드는 전략이다. 차별화는 개인 브랜드나 이미지에 막대한 영향력을 행사한다. 필자가 알고 지내는 강사 한 분은 ○○사관학교 교장이란 타이틀을 가지고 있다. 일반 교육생들은 그분이 진짜 ○○사관학교 교장인 줄로 알고 있다. 그분은 얼마 전부터 정말 또 다른 차별화를 실행하고 있었다. 복장의 차별화이다. 사관학교 학생들이 입는 복장과 같은 상·하의를 만들고 어깨에는 별을 네 개나 붙였다. 복장으로는 사관학교 교장이니 사성장군이시다. 서울 시내에 강의가 있을 때는 가끔 전철을 이용하는데, 사관학교 복장에 별을 네 개씩이나 붙이고 있으니 주위 사람들이 부러운 눈으로 쳐다보기도 하고, 어떤 사람은 고개를 갸우뚱거리다가 옆에 와서 직접 출신을 물어본다고 한다.

"어디 소속 장군이신가요?"

강의하는 현장에서도 차별화는 많다. 예를 들면, 최신 정보로 승부하는 버전형 타입, 듣도 보도 못한 이야기를 꺼내서 혼을 빼는 혼수 상태형 타입, 소품이나 선물 공세로 차별화하는 애교형 타입, 쉬는 시간도 없이 2~3시간을 내리 강의하는 탱크형 타입, 프레젠테이션에 각종 멀티 기능을 탑재해서 교육생을 매료시키는 황홀형 타입, 20분 교육하고 내리 30분 잔소리하는 고문형 타입, 처음부터 끝날 때까지 자기 자랑만 하는 졸도형 타입, 알아듣지 못하는 이야기만 하며 혼자 열심히 진도 나가는 나가요형 타입 등 나열하자면 더 많겠지만 이 정도로 줄이겠다.

그러나 강사마다 추구하는 차별화가 있을 것이다. 교수법 스타일은 물론 복장에서도 차별화를 둘 수 있다. 교재를 제작하는 방법은 물론 강의 방법이나 언어에도 차별화를 둘 수 있다.

남과 다른 나를 만들어내는 차별화가 이루어지면 다음은 자신의 등급을 높이는 차등화 전략을 기획해야 한다. 자신의 등급을 높여야 하는 이유는 다양한 제품과 서비스가 시장에 넘쳐나기 때문이다. 같은 일을 하는 사람들이 너무 많고, 실력 있는 사람들도 많아서 어쩌면 고객이 당신을 찾을 수 없기 때문이다.

차별화가 수평 개념이라면 차등화는 수직 개념이다. 당신이 자신의 등급을 높이면 상위로 올라서게 되고, 상위로 올라서면 남들의 눈에 띄기 쉽다. 고객이 원하는 부분을 명쾌하게 치유할 수 있는 전문성을 갖추고, 차별화에 자신이 연구한 독창적인 학문 논리를 가미해야 한다. 차별화보다는 차등화해야 한다는 생각을 잊지 말기 바란다.

실력으로 승부하라

지금 당신이 알고 있는 지식은 어쩌면 기초 지식에 지나지 않는다. 기초 지식은 최신 자료나 정보를 만나야만 응용 또는 재창조할 수 있다. 당신이 지금 알고 있는 지식만으로 세상을 정복할 수 있다고 생각하면 큰 착각이다.

최신 자료나 정보로 무장하고, 남들이 듣도 보도 못한 정보나 지식을 쏟아 부어야 한다. 어떤 산업 분야에서 전문가로 홀로서기를 할지 모르겠지만, 해당 분야의 신지식으로 무장하지 않으면 홀로서기도 어려울 뿐더러 삼일천하로 모든 것이 끝날지 모른다.

실력을 갖추는 것은 승부의 기본이자 기초이다. 기본과 기초에 충실하지 않으면 결코 경쟁에서 이길 수 없음은 자명하다. 한두 번은 요행으로 넘길 수 있으나, 결코 오래 갈 수 없다는 것을 명심해야 한다.

그러므로 홀로서고자 하는 분야에 대해 항상 관심을 갖고, 최신 자료와 정보를 찾아내며, 항상 그 분야의 전문가에게서 따끈따끈한 정보를 취할 수 있어야 한다.

책 속에 길이 있다

좋은 책을 만나서 가슴이 설레어본 적이 있는가? 700페이지 되는 책을 밑줄 그어가며 정독하면서 한 번에 다 읽어본 적이 있는가?

좋은 책을 만나면 가슴이 설레기 마련이다. 어떤 내용이 들어 있을까 궁금해서 미칠 것 같기도 한다. 책으로 얻는 내용들이 자신을 점점 더 깊이 있는 전문가로 만들어줄 것이라는 믿음도 생긴다.

전문가가 되려면 먹잇감을 찾아 사방으로 다니는 하이에나처럼 굶주린 마음으로 좋은 책을 찾아 나서야 한다. 그렇게 찾은 책을 읽고 또 읽으면 머릿속에 차곡차곡 내용이 저장되기 시작한다. 그 다음부터는 놀라운 변화가 일어날 것이다. 새로운 단어를 만들어내고, 단어에 논리와 살이 붙기 시작할 것이다. 그러면 자기 방식대로의 프레임워크framework : 뼈대와 툴tool : 도구이 만들어지기 시작한다. 그러므로 좋은 책을 찾아서 읽고 또 읽고, 찾고 또 찾아 나서기를 바란다.

강점에 집중하라

지금까지 필자가 당신을 계발하라고 제시한 방법 앞에서 잠시 멈

취 생각해보자. 지금 당신은 자신의 약점을 보강하기 위해 시간과 자금을 투자하고 있는가?

만약 약점이 보강된다면 그것이 당신의 인생에 어떤 영향을 미칠 것 같은가? 새로운 것을 알아가고 부족한 것을 보완해가는 흥미와 재미는 필자도 느껴봤기에 잘 안다. 그러나 그것만으로는 취약했던 분야에서 특출하게 되지 못했다. 약점이었던 부분에 자신감은 조금 생겼지만 생활은 전과 전혀 달라지지 않았다.

이제 생각을 바꿔보자. 타고난 재능이나 강점을 더 강화하는 데 시간과 자금을 투자한다면 그 재능이나 강점은 자신을 대신하는 무서운 무기로 바뀔 것이며 높은 경쟁력이 생겨날 것이다. 기업의 핵심 경쟁력이란 기업 내 사업 아이템이나 기술력 중 가장 우수한 것으로 시장에서 생사를 판가름하는 중요한 자산이다. 개인 역량으로 환언해본다면 다양한 능력 중 가장 우수한 능력을 찾아 강화하는 훈련을 해야만 핵심 경쟁력이 더 커진다.

모두가 알고 있는 스포츠 스타 '신형 엔진' 박지성에 관한 이야기를 해보겠다. 박지성의 강점은 '팀에 에너지를 불어넣으며 종횡무진 90분을 달리는 지구력'이다. 그러나 그는 약점이 많다. 공격수로서 단거리 달리기 속도가 크리스티아누 호날두와 웨인 루니에 비해 늦다. 체격도 왜소하고, 드리블과 개인기도 약하다. 데이비드 베컴처럼 잘생기지 못했고, 언어 구사력도 서툴다.

만약 박지성이 약점인 단거리를 보강하기 위해 매일 5시간씩 365일 내내 100미터 달리기를 연습한다고 가정하면 지금 기록에서 1초 정도는 단축할 수 있겠지만 더 빨라지지는 못할 것이다. 때로 박지성이 왜소한 체격을 이용해 상대편의 파울을 유도해서 크리스티아누 호날두가 골로 연결시키기도 했지만 체격도 하루아침에 바꾸기는 어렵다. 드리블은 어떠한가? 박지성이 크리스티아누 호날두나 웨인 루니처럼 드리블하는 것을 보지 못했다. 상대 선수들이 앞을 지키고 있으면 단지 볼을 재빨리 패스할 뿐이다.

박지성은 두 골을 넣고 MVP로 선정되어 인터뷰를 하던 날, 기자의 질문에 간단하게 답했다.

"내가 잘한 것이 아니라 팀 동료들이 많이 도와줘서 잘한 것 같습니다. 팀 동료들에게 감사합니다."

서툰 언어 구사력의 짧은 인터뷰는 '역시 스타는 겸손하다.' 는 기자들의 칭찬으로 이어졌다.

이렇게 약점이 많은 선수가 유럽에서 스타가 된 이유는 무엇일까? 그것은 바로 자신의 강점에 확실한 전략 하나를 더해서 집중하고 있기 때문이다. 그 전략은 '빈 공간을 찾아서 상대 선수보다 한 발 먼저 달려 나가는 것' 이다. 짧은 거리에서 먼저 달리기 시작한 박지성을 상대 선수가 따라잡기에는 불가능하다. 때문에 시청자나 관중들은 박지성을 무척 빠른 선수라고 인식한다. 단거리에 느리다는 약점이 보완되었기 때문이다. 시종일관 빈 공간을 찾아서 달려 가다 보니 늘 부지런한 선수란 칭찬도 듣는다. 박지성은 같은 편 선수가 있는 곳으로는 달려 나가지 않는다.

박지성은 하나의 강점인 종횡무진 달릴 수 있는 지구력에, 빈 공간을 찾아 한 발 먼저 달려 나가는 전략을 경기 내내 적용하여 관중과 시청자들로부터 인정받고 성공하는 선수가 되었다. 한때 인터넷에 박지성의 발 사진이 올라왔던 적이 있다. 못생기고 상처투성이에다 험악한 발을 좋아할 사람은 아무도 없을 것이다. 그러나 그의 발 사진이기에 많은 사람의 감성을 자극했다. 그들은 박지성이 노력한 흔적에 대해 존경을 표했으며, 그 중 어떤 사람은 이를 강의 소재로 활용하기도 했다.

약점인 슈팅력이나 드리블, 작은 키로 생기는 한계점을 극복하고 몸싸움을 강화하는 데 시간을 허비했다면 아마 박지성은 국내로 복귀해야 했을 것이다. 그리고 사람들의 기억에서 이미 사라졌을지도 모르겠다.

당신도 박지성처럼 자신의 강점을 찾아내고 전략을 하나 연구해서 시종일관 실행하면 반드시 성공할 수 있을 것이다. 당신의 강점과 약점을 기록하고 실행 콘셉트를 계획해보기 바란다.

강점	
약점	
실행 계획	

전문가로 거듭나라

1등 할 수 있는 것 하나에 집중하라

'잘 말하는 사람'은 많다. 어쩌면 우리 모두에게 해당되는 것인지도 모른다. 그러나 '말 잘하는 사람'은 드물다. 같은 말이라도 어떻게 하느냐에 따라 큰 차이가 난다.

김제동 씨를 우리는 '말 잘하는 사람'이라 칭한다. 말 잘하는 실력에 비해 외모가 좀 떨어지지만, 그 외모가 오히려 귀여움으로 인식되어 더 많은 팬을 만드는 이유가 되었다. 김제동 씨는 그와 비슷한 생김새의 잘 말하는 사람이 너무 많기 때문에 처음부터 스타가 되기는 어려웠을 것이다. 하지만 그는 자신의 '말 잘하는 능력'을 적극 개발했기 때문에 현재와 같은 스타가 되었다.

미래는 살아가는 방법도 바뀌고, 기업의 구조도 급속하게 변할 것이다. 기술의 가속화로 기계나 로봇이 인공지능형으로 개발되고, 이런 기술 덕택에 모든 것이 간편화될 것이다. 우리의 일터는 로봇이나 소프트웨어 프로그램들이 전문가 한 사람의 손가락에 의해 모두 일사분란하게 움직이는 텅 빈 곳으로 바뀔 것이다. 전문가가 되지 못하면, 즉 당신이 지금 두 발로 서 있는 분야에서 1등 하지 못하면, 1등 하는 다른 사람이 당신을 밀어내고 그 자리에 설 것이다.

미치도록 자신이 하는 일을 사랑하라

전문가는 자신의 일을 정말 사랑한다. 그들은 다시 태어나도 그 일을 선택할 것이다. 그들은 출근을 하는 동안이나, 걸어 다닐 때나, 잠을 잘 때나, 오직 자신의 일에 최고가 되는 방법을 연구하고 몰입한다. 잠을 잘 때도 자신의 분야를 더 좋게 만드는 방법을 꿈속에서 찾아낸다.

전문가들은 낭비할 시간이 없다. 늘 새로운 것을 연구하고, 자신을 업그레이드하기 위해 노력한다. 주변에는 모두 자신이 하는 일과 관련된 전문가들만 있다. 그들에게는 얻을 것이 있고 그들과는 대화가 되기 때문이다. 또한 전문가는 늘 또 다른 전문가를 만나고 좋은 책을 찾아 떠난다.

군중 속에서 당신을 차별화하고, 차등화하려면 뭔가가 달라야 한다. 당신의 실력 중에서 내실이 꽉 찬 것을 우선 차별화하면 브랜드 가치가 높아진다.

1등 할 수 있는 하나에 집중하라. 모든 에너지를 그것에 올인하는 것이다. 차별화가 이루어져야 차등화 전략을 만들 수 있다. 홀로서기를 하려면 세계 최고가 될 수 있는 분야를 선택하고 그 분야에서 완벽한 전문가가 되어야 한다. 좋아하는 일에 미치도록 몰입하면 깊이 있으면서 창의성이 뛰어난 최고의 전문가가 될 것이다.

04

퇴출 두려워 마라 홀로서기에 도전하라

　이 주제를 두고 이야기하려고 지금까지 필자는 직업 환경의 변화에 대한 이야기와 개인 브랜드 자산 및 해당 분야에서 1등 할 수 있는 핵심 경쟁력을 장황하게 설명했다.

　한국의 경제 동향은 여러 채널을 통해 들어서 짐작하겠지만, 조만간 IMF 때보다 더 큰 위기가 닥칠지도 모른다고 예견되고 있다. 그 시나리오 소재 중 하나는 부동산 거품 붕괴와 그로 인한 경기 침체의 가능성이다. 이런 침체나 위기란 단어만 봐도 한국 기업들이 비상사태에 접어 든 것이 사실임을 알 수 있다. 현재 상황으로 보면 향후 한국 경제의 동향과 기업의 성장은 빨간불이 켜져 있음을 부인하지 못한다.

　이유는 기술 기반이 약하거나, 구조가 견고하지 않거나, 운영 및 관리 부분에서 허술한 곳이 너무 많은 것이다. 사람들은 어느 것 하나 마음 놓을 곳이 없어 불안해 하고 초조해 한다. 이런 상황에서 한 곳이 터지거나 폭발해버리면 순식간에 수습하기 어려운 상황으로 확대될 수 있다.

시간이 지나면 한국 기업들은 많은 진통을 겪고 변화를 추구할 것이다. 진통을 겪는다는 것은 '기업의 생존을 위해 지금 이대로 계속 갈 것인가, 아니면 여기서 멈출 것인가?' 하는 극단적인 결정을 해야 한다는 의미이다. 이미 그런 기업들이 많이 생겨나고 있다.

변화가 예상되는 부분은 기업의 구조를 개선하는 것이다. 경기가 어려우면 경영인들은 가장 먼저 구조조정과 워크아웃workout : 기업의 재무 구조 개선 작업을 생각한다. 변화의 추구는 노조의 문제, 라인 구조의 문제, 급여에 대한 문제, 훌륭한 성과를 내는 우수한 인재들에 대한 대우 문제, 성적이 저조한 채 다수에 묻어가는 사람들을 제거해야 하는 처리 문제 등을 어떻게 지혜롭게 조정할 갈 것인가를 고민하고 해결책을 강구하는 정도로 해석할 수 있다.

블루칼라 시장이 그러했듯이 화이트칼라 시장에도 조만간 쓰나미 같은 폭풍우가 몰아칠 것이다. 폭풍우가 몰아치더라도 회사는 존재해야만 한다. 그래야만 언젠가 큰 회사로 성장해서 다시 사회에 기여할 수 있기 때문이다. 서로 죽자고 작심하여 블루칼라와 화이트칼라 둘 다 사라질 경우 미래의 기대와 비전까지도 날아가 버리기 때문에 기업은 더 어렵고 힘든 터널을 빠져 나가야 한다.

퇴출 두려워 마라

필자도 처음에는 퇴출이 무척 두려웠다. 자존심이 상해서 남에게 도움을 청할 수도 없었다. 내게 그런 일이 일어났다는 것을 인정할 수도 없었다. 무엇을 해야 할지 몰라서 막막했던 심정을 지금도 기억한다.

처음에는 함께 일했던 회사 동료들과 작은 회사를 만들었다. 서로 위로하고 의지하며 열심히 기반을 잡을 때쯤 두 번째 아픔을 겪었다. 나눌 수 있는 파이가 작은데 나눠야 하니, 욕심 많은 한 사람이 독식해버리고 말았기 때문이다. 같은 입장에 있고 누구보다 처지를 잘 아는 동료에게 배신을 당하니 더 이상 마음 둘 곳이 없었다. 아는 사람들을 만나는 것 자체가 두려워 마음의 문을 닫고 오랜 시간 침묵했다.

떠나라, 완전히 홀로 떠나야 한다.
가지고 있던 것을 모두 그 자리에 두고, 새로운 꿈만 들고 떠나야 한다.

어느 날 지금까지 만났던 사람들을 모두 버려야 한다는 극단적인 생각이 들었다. 그들과 어울린다면 더 이상의 미래를 생각할 수 없겠다는 공포감이 느껴졌다. 자신의 이득을 위해 비즈니스를 할 뿐, 단 한 사람도 나를 위해 무엇인가를 베풀 위인이 없다는 결론을 내렸을 때 진정 홀로서야 한다는 침울한 공포에 몸을 떨었다.

새로운 인생을 시작해야겠다는 용기를 냈을 때 남은 것은 단돈 1,000원짜리 지폐 한 장이었다. 지금 당장 나 자신의 몸을 움직여 돈으로 만들 수 있는 일이 무엇인지를 그 위에 쓰기 시작했다. 재취업(월 수입 80만 원), 테니스 코치(월 수입 70만 원), 소자본 창업 강사(월 수입 일정치 않음), 막노동(일당 4만 원), 아르바이트(월 수입 55만 원), 포장마차(월 수입 알 수 없음).

필자는 제일 마지막에 있는 포장마차에 O표 했다. 자신만 부지런하면 어떤 일보다도 많은 돈을 벌 수 있다고 생각했기 때문이다. 선배를 찾아가 0.5톤 라보 탑차와 사업 자금 50만 원을 빌렸다. 중앙 시장에서 불판을 올린 후 가스통을 설치하고, 배터리를 이용해서 형광등이 들어오도록 하고, 집기류를 샀다.

새벽 5시 30분에 일어나서 삼성역, 선릉역, 역삼역, 강남역 출구 앞에서 샌드위치를 팔았다. 낮에는 M컨설팅사에서 서류 작성을 도와주고 월급으로 120만 원을 받았다. 17시 30분 이후에는 가락 시장으로 달려가 안주류를 사서 밤에 포장마차를 운영했다. 그런데 주말에는 손님이 없었다. 돈을 벌어야 한다는 생각으로 해결 방법에 집중하기 시작했다.

'주말에 사람들은 어디에 있을까? 놀이공원이나 등산로 입구에 많을 것이다. 내 차의 특징은 움직인다는 것이다. 그럼 내가 고객이 있는 곳으로 가자!'

상계역 4.19탑과 관악산 입구가 주 무대였다. 2,000원짜리 샌드위치를 일요일 하루 동안 1,000개를 팔지 않으면 아예 그곳에서 움직이지 않았다. 포장마차를 시작해서 깡그리 버린 것은 자존심과 체면이었다. 그걸 버렸더니 너무도 많은 것들이 주변에 모여들었다. 돈도 생기고, 용기와 자신감도 다시 생겼다.

최고의 정점에 올랐다는 생각이 들 무렵, 다시 현재 위치에 대해 생각해보았다.

나는 누구인가?
지금 일이 정말 가치 있고 행복한가?
묘비에 남기고 싶은 한 줄의 글은 무엇인가?

	1단계 - 기록	2단계 - 교정
나는 누구인가?	포장마차 사장	대학 교수
지금 일이 정말 가치 있고 행복한가?	대안이 없어 계속한다	상급 학교(대학원)에 진학하여 저녁에 수업을 듣는다
묘비에 남기고 싶은 한 줄의 글은 무엇인가?	명강사(나의 정체성)	컨설팅 강사의 브랜드 개발

* 1단계는 사실 그대로를 기록하고, 2단계는 정체성을 기준으로 풀어야 한다.

위 표는 당시에 필자가 작성했던 것이다. 1단계는 당시 상황을 기록하고, 2단계는 당시 상황을 목표로 교정했다.

필자는 표를 만들면서 인생의 목표인 정체성을 명확하게 설정하는 것이 다른 나머지를 채울 수 있는 유일한 방법이자 차별화 전략이란 것을 깨달았다. 그리고 컨설팅 강의를 하는 명강사가 되기로 결정했다. 명강사가 되기 위해서는 사람들에게 믿음을 줘야 하고, 믿음을 주기 위해서는 학교에 적을 둬야 한다는 생각이 들었다. 그래서 대학교로 출강하는 교수가 되어야겠다고 결심했다. 대학 출강을 위해서는 상급 학교로 진학을 해야 했기에 필자는 가까운 건국대학교 경영대학원 석사 과정에 입학했다. 석ㆍ박사 과정에 7년을 투자한 결과 현재는 건국대학교 경영대학원 겸임 교수를 하고 있으며, 컨설팅 강사로서 브랜드를 만들어 연 250회 기업체 출강을 하고 있다.

이제 사람들은 포장마차 사장이던 나를 교수라 부른다. 현재 당신이 있는 자리와 남들이 불러주는 직위는 당신 자신이 지금까지 투자한 결과이다. 지금의 자리에서 상위 자리로, 지금의 직위에서 다른 상위 직위를 원한다면 자기계발에 투자하기 바란다. 새로운 목표에 열정적으로 도전하지 않으면 어느 누구도 당신을 더 높고 좋은 자리로 옮겨주지 않는다.

홀로서기에 도전하라

필자는 명퇴 후 철저하게 홀로설 수 있는 길을 생각했지만, 막막해서 답이 나오지 않았다. 특별히 잘할 수 있는 것도 없었고, 처음부터 끝까지 혼자서 돈을 만들 수 있는 것으로 무엇이 있는지도 몰랐다. 그러다 앞에 제시한 표를 작성해보면서 정체성에서 그 힌트를 얻었다.

'나에게도 남을 가르치는 능력이 있을까? 강단에 서서 전문가들을 보면서 강의할 수 있을까?'

1%의 끼와 99%의 노력을 할 수 있는 용기만 있다면 충분히 도전할 가치가 있다고 판단했다.

필자는 강의 자료를 만들어 산을 오르내리며 수십 번, 수백 번 반복해서 강의 훈련을 했다. 내 강의는 맛과 재미가 있고 유익해야 한다는 전제를 하고, 평소엔 무뚝뚝한 성격인데도 재미난 유머를 섞어 이야기하며 마치 연극배우인 양 몰입해서 연습했다.

첫 출강은 한국표준협회 선릉 본사 15층 대강의실에서 했다. 국가기관 고위공직자들을 대상으로 '디지털 시대 공직자들의 역할'을 주제로 하는 4시간짜리 강의였다. 어떻게 강의를 시작했고, 어떻게 강의가 끝났는지, 당시 무슨 내용을 전했는지는 전혀 기억이 나지 않는다. 그러나 필자는 강의 후 기획예산처에서 특강을 의뢰받았다. 'IT산업과 국가경쟁력'이란 주제였다. 1년에 단 12명의 강사만이 강의할 수 있는 그 영광스러운 자리에 초빙되어 필자는 국내에서 62번째로 강의한 강사로 기록되었다. 기획예산처 특강은 무엇보다도 필자가 기업을 대상으로 강의하는 사람이 되겠다고 결심하게 한 동기가 되어주었다.

강의를 하는 것은 힘든 직업이다. 그러나 보람은 크다.

강사는 늘 공부를 해야 한다. 그 덕분에 지식인 대접을 받는다.

강사는 직접 모든 것을 해결해야 한다. 그래서 완전한 홀로서기를 해야 한다.

강사는 특별한 차별화를 해야 한다. 그래서 부가가치가 높다.

강사는 퇴출이 없다. 그래서 행복하다.

강사는 공부도 직접 해야 한다. 자신 있는 과목을 먼저 선정하고 다양한 서적을 읽고 파워포인트를 이용하여 요약하는 기술도 있어야 한다. 따라서 컴퓨터 사용 능력도 뛰어나야 한다. 강의 때는 효과를 높이기 위해 대개 빔 프로젝트를 이용해서 교재 내용을 화면으로 전달한다. 장소에 따라 다르지만 큰 장소일 경우 마이크를 사용하기도 한다. 마이크에 잘 어울리는 목소리면 효과가 더 좋을 것이다.

강의를 잘하기 위한 3박자는 첫째, 교육 내용 및 파워포인트로 만든 자료 완벽하게 준비하기, 둘째, 전달할 소구(빔 프로젝터, 마이크 외 기타) 완비하기, 셋째, 강사의 컨디션과 목소리를 항상 최상이 되도록 점검하기이다.

모든 것이 완벽하게 화음을 이루어야 좋은 강의를 할 수 있다. 교육 내용이 좋고, 파워포인트를 활용한 자료도 멋지고, 준비물도 완벽한데, 강사의 컨디션이 좋지 않거나 감기에 걸려 목소리가 듣기 불편하면 모든 게 제로는커녕 마이너스가 된다.

강사는 365일 아파서도 안 된다.

교육생들이 기다리고 있기 때문이다.

필자는 정체성 없이 달려왔던 지난 시간들이 너무 안타까웠다. 기업에 취업해 일하는 것이 살아가는 방법의 전부인줄 알았던 지난 시간이 너무 아깝다. 반면, 알고 지낸 모든 것들을 그 자리에 두고 홀로 떠날 수 있었음에 감사한다. 홀로 설 수 있는 능력을 주신 부모님께 감사드리고, 홀로서기까지 묵묵히 기다려준 아내에게 감사하고, 매일 아침 강의할 수 있는 기회를 제공해주는 여러 기관에 감사한다. 필자는 다시 태어나도 이 일을 하고 싶다.

세상에 공짜로 얻어지는 것은 단 하나도 없다. 어려운 환경과 위기를 절대로 두려워하지 말고, 자신 속에 잠들어 있는 능력 자산을 찾아 완전하게 홀로서야 진정 행복할 수 있다. 필자는 당신이 진실로 행복할 수 있는 길을 선택하기 바란다.

다음 장에서는 완전하게 홀로서서 성공할 수 있는 전략에 대해 알아보자.

완전하게 홀로서는

3장

차별화 전략

어떤 일이든 초반에 명확한 콘셉트를 기획하여 정확하게 진입하지 않으면 많은 손실이 생기는 것은 물론이고, 진입 자체가 위기가 될 수 있다.

자신이 할 수 있는 여러 가지 능력 중에서 가장 우수한 것을 선택하는 것이 무엇보다도 중요하다. 지금 당신이 전문성을 갖추고 있다면 좋겠지만, 좀 부족하더라도 큰 문제가 되지는 않는다. 열심히 보강하면 얼마든지 홀로서기가 가능하기 때문이다. 가장 우수하고 자신 있는 능력 자산을 선택했을 때는 예전에 알지 못했던 열정이 솟구치는 것을 느낄 수 있을 것이다. 왜냐하면 혼자서도 성공할 수 있는 가능성이 보이기 때문이다.

전문성을 기른 후에는 표적 고객에게 자신의 능력을 인식시키는 작업을 해야 하는데, 이 부분에서 많은 사람들이 실패한다. 왜냐하면 너무 많은 것을 한꺼번에 전하려 하기 때문이다. 당신의 능력에 관해 많은 것을 보여줄수록 고객은 당신을 쉽게 잊어버릴 것이다. 당신의 브랜드와 이미지가 형성되기도 전에 혼란을 느끼기 때문이다. 그러므로 하나에 집중하고, 하나만 전달해야 한다. 하나가 완성되면 멋진 확장 전략이 또 다른 시너지 효과를 불러올 것이다.

한 우물만 50년을 판 식당이 시장 환경이 어렵게 되었다고 해서 하루아침에 문을 닫는 사례는 없다. 50년 동안 한결같이 자기 관리와 고객 관리를 했기 때문이다. 고객에게 인식된 브랜드는 여건이 어려울수록 빛을 발할 것이다. 따라서 자신의 브랜드 관리를 잘해야만 위기가 올 때도 성공할 수 있다.

홀로서는 사람은 모든 것을 혼자 할 줄 알아야 하는 종합 엔터테인먼트가 되어야 한다. 즉 박학다식해야 한다. 문서도 잘 만들고, 브리핑도 잘하며, 탁월한 협상 기술도 있어야 하고, 문제 해결 능력도 갖춰야 한다. 기업은 여러 분야에서 많은 사람들이 업무를 나눠서 하지만, 홀로서기를 할 때는 혼자서 모든 문제를 해결하고, 의사 결정을 해야 하기 때문이다.

어떤 분야를 떠나 홀로서기를 위한 전략까지 필자는 명강사라는 입장에서 바라보므로 이후의 홀로서기 전략에서는 당신 자신이 선택한 분야를 연상해서 적용하기 바란다.

가장 강력한 능력 자산 선정

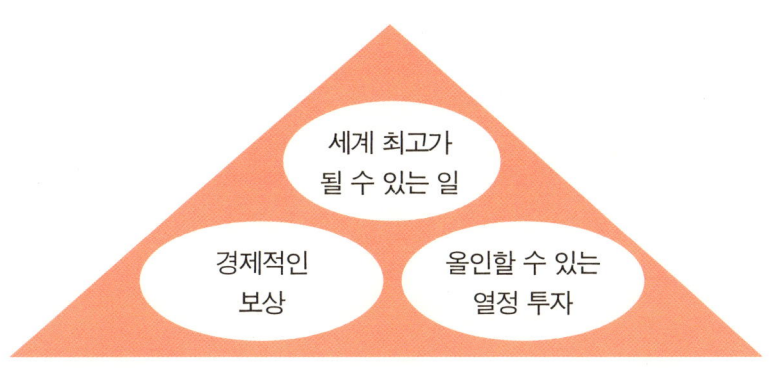

세계 최고가
될 수 있는 일

경제적인
보상

올인할 수 있는
열정 투자

세계 최고가 될 수 있는 일

우리나라 속담에 "재주가 많으면 밥 굶는다."는 말이 있다. 그러나 요즘은 재주가 많으면 밥 먹기 쉽다. 영화 〈홍반장〉에서 홍반장의 직업은 10가지가 넘는다. 편의점 점원, 인테리어 기술자, 중국집 배달원, 부동산 중개업자, 비디오 가게 점원, 골퍼, 바둑 기사, 심지어 싸움을 통해 문제를 처리하는 해결사……. 그러나 홍반장은 한 가지 명확한 개념을 가지고 있다. 하는 일이 무엇이건 간에 일당은 5만 원이라는 것이다. 누구나 홍반장처럼 자신에 대한 가치 개념은 가지고 있어야 할 것이다.

꿈이 크고 위대할수록 커다란 열정과 에너지가 동반된다. 1992년 8월 9일 스페인 바르셀로나 몬주익 동산의 올림픽 주경기장에서 제 25회 올림픽 폐막식을 앞둔 마지막 순간, 대한민국의 황영조 선수가 마라톤 주자 중에서 일등으로 들어왔다. 8만여 명의 관중들은 일제히 일어서서 그에게 박수갈채를 보내기 시작했다. 마라톤에서 인간의 한계에 이르는 구간은 35km라고 한다. 황영조 선수는 그 한계점에서 집요하게 따라붙던 일본의 모리시타를 몬주익 언덕에서 따돌리는 놀라운 뒷심을 보여주었다.

키가 작은 황영조 선수가 마라톤이란 종목을 선택했을 때 많은 사람은 그가 마라톤에서 금메달을 딸 것이라고는 예상하지 못했다. 왜냐하면 그보다 키가 크고, 체력이 좋은 사람들이 많았기 때문이다. 그러나 그는 1991년 영국 세필드 하계 유니버시아드 대회 우승, 1992년 벳푸 오이타 국제 마라톤 대회에서 한국 마라톤의 염원이었던 2시간 10분대 돌파(2시간 8분 49초), 1994년 보스턴 마라톤 대회에서 한국 최고 기록 수립(2시간 8분 9초) 등 마라톤계에 굵직한 기록들을 남겼다.

황영조는 처음에는 단거리 선수로 활동했지만, 자신의 능력 자산을 분석한 결과 타고난 심폐 기능이 가장 우수하여 그것을 가장 잘 발휘할 수 있는 장거리 종목인 마라톤을 선택했다. 타고난 그의 능력 자산은 마라톤 경기에서 그의 예상을 적중했다.

당신 안에도 황영조 선수처럼 세계 최고가 될 수 있는 능력이 있다. 그것을 '자산'으로 바꾸는 것은 단지 그 능력을 믿느냐 믿지 않느냐에 따라 엄청난 차이가 난다. 세계 최고는 월드컵 경기나, 올림픽 경기 종목, 각종 스포츠 경기에만 있는 것이 아니다. 의상 디자이너도 세계 최고가 있고, 헤어 디자이너도 세계 최고가 있고, 강사들 중에도 세계 최고가 있다.

세계 최고가 되는 것이 결코 남의 이야기라고 생각할 필요는 없다. 우리는 이미 작은 나라에서 세계 최고의 것들을 많이 만들었고, 최고로 인정받은 스포츠 영웅들도 많이 배출했다. 나는 긍정의 힘을 믿는다. '나는 세계 최고가 될 수 있다.'고 믿는다.

올인할 수 있는 열정

농구 황제 마이클 조던에 대한 프로그램을 본 적이 있다. 마이클 조던이 농구 코트에서는 세계 최고의 선수인 것은 자타가 인정한다. 그러나 그도 골프나 배구, 또는 야구에서는 농구만큼의 실력을 과시하지 못했다. 마이클 조던이 골프에 열정을 쏟았다면 골프 황제 타이거 우즈와 정상에서 늘 격돌할 수 있었을까? 별로 없었을 것 같다. 왜냐하면 타이거 우즈는 자신의 능력 자산 중에 가장 우수한 것을 발휘할 수 있는 골프를 선택하였기 때문이다. 마이클 조던은 농구에 가장 우수한 능력을 물려받았는데 그가 골프를 했다면 아마도 무명 선수이거나 하위 그룹의 선수로 남았을 것이다.

야구 선수인 이승엽이 아시아의 홈런 기록 56개를 깼을 때 인터뷰 장면에서 한 이야기이다. 그는 야구 선수가 홈런 하나를 날리기 위해서는 10,000번의 스윙을 해야 한다고 했다. 그렇다면 이승엽 선수는 그때까지 홈런을 위해 560,000번의 스윙을 연습했다는 결론이다. 피겨 요정 김연아는 14세의 어린 나이로 세계 선수권 대회에 출전하여, 한국 최고의 성과를 이루었다. 2007년에는 16세의 나이로 일본에서 열린 세계 피겨스케이팅 선수권 대회 쇼트프로그램에서 71.95점이라는 세계 신기록을 수립하면서 쇼트프로그램 1위를 차지했다. 이는 이전까지 최고 기록이었던 미국의 사샤 코헨이 2003년에 세운 71.12점보다도 0.83점 높은 기록이다. 김연아는 잠자고 밥 먹는 시간 말고는 오로지 피겨스케이팅 연습에만 모든 것을 집중했다고 한다. 이처럼 하나에 집중하더라도 최고가 되려면 피나는 노력이 필요하다.

생각해보면 우리는 하나도 제대로 못하면서 너무도 많은 것을 동시에 처리하고 성과가 나오기를 기다리고 있지는 않는가? 한 분야에서 1등도 못 하면서 하나 이상의 일을 벌려놓고 에너지를 분산시키고 있지는 않는가? 오직 하나를 위해 앞만 보고 달려도 부족한 시간에 과거사를 운운하며 남의 탓만 하고 있지는 않는가? 지금까지 어떤 일에 종사한 기간만 믿고 자신을 전문가라 착각하며 성공할 수 있다고 믿고 있지는 않는가? 성공하려면 그 가능성이 높은 것 하나만 남기고 나머지는 포기하거나 다른 사람에게 완전히 위임해야 할 것이다.

마이클 조던이 운동에 대한 능력 자산을 과신해서 농구, 배구, 골프, 테니스 종목에서 모두 세계 정상이 되는 것을 목표로 도전하고 있다고 가정해보자. 테니스는 대한민국 이형택에게 늘 발목이 잡혔을 것이며, 골프는 최경주에게 늘 5타 차이로 뒤지고, 배구는 삼성의 신진식에게 밀리고, 농구는 농구 대통령 허재 감독에게 혼났을 것이다.

오직 하나에 올인하라

각 분야의 최고들은 그 자리에 오르고 그 자리를 유지하기 위해 잠잘 때까지도 연구한다고 한다. 여러 분야의 능력 자산 중에 최고인 것을 선택해서 일을 해보면 이러한 사실을 피부로 느낄 수 있을 것이다. 모든 생각과 에너지가 한 곳에 집중되면서 머리는 컴퓨터가 되어 새로운 최고의 상품 만들기를 계속하고 있을 것이다.

세계 최고가 된다는 것은 오랜 경험과 관록에서 자연스럽게 만들어지는 것이 아니다. 그것은 자신의 최고 우수한 능력 자산을 믿고 목표를 세우고 성취하기 위해 하루도 잊어버리지 않고 노력하는 열정에 달렸다. 그러므로 세계 최고가 될 수 있는 일을 찾고, 그것을 이루기 위해 당신의 열정을 올인해야 한다.

경제적인 보상

회사에 근무하면 매월 일정한 금액의 급여를 받는다. 여기에 길들여진 사람들에게 어쩌면 홀로서기는 남의 이야기로만 생각될 수 있다. 자신이 하고 있는 일이 얼마의 가치가 있는지, 그것을 돈으로 환산하는 방법은 무엇인지 알아내기란 막막하게만 느껴질 것이다. 그러나 모든 것이 그렇듯이 처음 시도하기가 어렵고 두려워서 그렇지 고정관념에서 벗어나면 특별한 무엇인가를 얻을 수 있다. 여기서 고정관념에서 벗어나라는 말은 급여 테이블을 휴지통에 던져버리라는 뜻이며, 특별한 느낌을 받는다는 것은 생각하지 못했던 수준의 보상을 받는다는 의미이다. 이 경우 얼마를 지급해야 할지, 얼마를 받아야 할지 서로 모른다. 다만, 서로가 프로젝트에 기여한 만큼 스스로 금고통에서 퍼 가면 된다.

세계 최고의 축구 스타 데이비드 베컴도 자신의 능력 자산 중 가장 우수한 재능을 축구에 열정적으로 투자한 결과 천문학적인 액수로 경제적인 보상을 받고 있다. 한국의 축구 선수 박지성, 이영표도 국내에서 받았던 것의 수십 배를 경제적인 보상으로 영국에서 받고 있다.

특정 분야의 전문가로서 능력이 커지면 커질수록 보상의 폭도 커진다. 필자도 처음 홀로서기를 했을 때 이전 회사에서 받았던 급여가 당시 나이에 받아야 할 보상의 기준인 줄 알았다. 그러나 시간이 갈수록 더 많은 노력과 집중을 하고, 더 많은 책과 씨름을 해야 했다. 산업별 기회 선점 경쟁 요인들을 찾아서 강의했을 때 한 달 동안 벌었던 금액을 단 하루에, 그것도 4시간 만에 벌었을 때는 흥분하지 않을 수 없었다. 다른 사람과 차별화되지 않는 강의는 특별한 가치가 없으나, 창의적 발상으로 새로운 툴과 법칙들을 만들어낼 때 수십 배의 부가가치가 올라간다는 것을 그때 깨닫게 되었다. 물론, 경제적인 보상도 10배 이상 차이가 나기 시작했다.

당신도 자신의 경제적인 가치를 높이려면 세계 최고가 될 수 있는 가장 우수한 능력 자산을 선택해야 한다. 열정을 다해 한 가지에 올인하다 보면 당신이 생각하는 이상으로 엄청난 경제적 보상을 받을 수 있을 것이다.

경제적인 보상은 당신이 선택한 일에 최고가 되는 순간 저절로 따라온다. 그러나 먼저 보상을 따라 움직이는 어리석은 사람은 되지 말기를 바란다. 당신의 브랜드 이미지에 손상이 갈 것이다.

02
하나만을 기억시키는 확장 전략

세계 최고가 되라
특정 분야에 전문가가 되라
다른 사람에게 믿음과 신뢰를 주라

당신의 주변에는 어떤 사람들이 있는가? 대부분 직장인은 동료들과 협력사 정도의 인맥 인프라를 가지고 있다. 사업하는 사람들 주변에는 사업가들이 많다. 인테리어를 하는 사람들은 인테리어 관련 업체 사람들과 자주 어울릴 것이다. 모두 관련성이 있어서 서로에게 영향력을 나눌 수 있기 때문이다.

그렇다면 지금까지 주변 사람들에게 비춰진 당신의 브랜드 가치와 이미지는 어떨까? 당신의 이미지를 사람들마다 다르게 표현하기도 하겠지만, 많은 사람들이 공통적으로 들려주는 말이 있을 것이다. 그것이 바로 당신의 대표 브랜드이다. 기회가 된다면 주변을 통해 당신의 브랜드 가치에 대한 이미지를 한번 점검해보기 바란다.

브랜드와 이미지는 다른 의미를 가지고 있다. 앞에서 브랜드에 대한 설명을 했기에 여기에서는 이미지에 대한 설명만 간략하게 하겠다. 이미지는 사람들의 머릿속에 기억되는 모습이다. 브랜드는 오직 하나에만 집중하는 것이지만, 이미지는 전반적인 것을 아우르는 것이다. 좋은 이미지를 만들려면 좋은 역량을 전반적인 면에 나눠야 하므로, 어떤 이미지를 만드는 것은 브랜드 개념에 집중하는 것보다 훨씬 어려울 수 있다.

보는 사람의 차이에 따라 달라질 수 있지만, 브랜드가 명쾌하고 정확하면 이미지가 좋게 형성된다. 이를 위해서는 당연히 하나의 개념에 집중된 브랜드를 인식시키는 것이 효과적이다. 이것이 하나를 기억시키는 브랜드의 힘이기도 하다.

당신이 자신의 브랜드를 만들어 다른 사람들에게 인식시키는 것이 어떤 의미가 있는지 생각해보자. 당신의 명함을 보기 바란다. 회사 이름은 업종을 가리키고, 당신이 소속한 부서는 분야를 나타낸다. 회사에서 당신에게 부여한 직위는 당신의 경력이나 업무 포지션을 나타낸다.

명함은 당신이 현재 종사하는 업종 또는 산업군에서 맡은 부서의 업무를 현재 직위만큼 하고 있다는 것을 표현한다. 그러나 명함만으로는 당신이 얼마만큼 깊이 있는 전문가라는 것을 제대로 알 수 없다. 이때 당신이 근무하는 업종 또는 산업군의 경쟁사에 근무하는 불특정 다수의 사람들이 당신의 지식 수준과 업무 추진 스타일과 역량, 인격, 성품, 핵심 사업에 관한 지식의 깊이, 종사 기간과 프로젝트 성과들에 대해 말해준다면 당신의 브랜드 가치는 다르게 기억될 것이다. 만약 누군가가 프로젝트를 수행하기 위해 전문가가 필요하다면 주변의 많은 인프라 중에서 예전에 기억해둔 당신을 플러스 감정으로 인식하고 찾아 파트너십을 제안할 것이다.

이번에는 실패한 기업의 사례를 통해 좀 더 구체적으로 알아보자.

K그룹은 한때 여성 의류 브랜드로 많은 돈을 벌었다. 당시 유통 시장이 급속도록 확장되고 있던 시점이라 K그룹도 자금력과 기업의 브랜드 이미지를 바탕으로 유통 시장에 뛰어들기로 결정하고, 전국에 15개 정도의 대형 할인점 부지를 매입했다. 광주에는 동양에서 가장 큰 할인점을 열기도 했다. 뿐만 아니라 돈 있는 기업은 하나씩 가지고 있어야 한다는 건설회사와 금융회사도 만들었다. 그러나 IMF가 와서 몰락하고 말았다.

D그룹은 식음료 산업으로 대한민국의 대표 브랜드를 만들었다. '고향의 맛 – 다시다', 한국 사람이면 누구나 기억하는 브랜드이다. 어느 날 회사 이름을 바꾸고, 건설회사도 만들었다. 그러나 고객들은 회사명보다 '고향의 맛 – 다시다'를 기억할 뿐이었다. 남들이 다 하는 건설회사마저 큰 타격을 입고 천문학적 숫자의 자금을 잃어버렸다. D그룹의 구성원들은 서로가 비난과 불평을 하면서 일관성과 목적성을 잃어버려 바다에 표류하는 배처럼 되었다. 아마도 긴 어둠의 터널을 지나면서 더 큰 아픔을 겪어야 할 것이다.

우리에게는 미션mission과 비전vision이란 것이 있다. 이것을 농업에 국한하여 말한다면, 미션은 농부가 죽을 때까지 농사짓는 것을 말한다. 즉 '나는 농부이다' 라는 정체성을 말한다. 비전은 농부가 농사를 지을 때 그 해에 가장 수확이 높은 농작물을 결정하는 것을 말한다. 비전은 미션을 이루기 위해 단계적으로 실행하는 하나의 목표이다. 많은 기업들이 이 진리를 몰라 실패했다. 의류 브랜드로 시작했으면 세계 최고의 의류 대표 브랜드를 만들어야 한다. 의류와 관련된 산업으로 확장해야 고객의 신뢰를 덤으로 얻을 수 있다. 유통산업, 건설산업, 금융산업 등 문어발식 사업 확장은 한국 기업의 그룹 형태로는 경쟁력을 잃어버릴 수밖에 없다.

식음료산업으로 시작한 기업이면 당연히 식음료산업으로 사업을 확장해야 한다. 기업이나 개인도 마찬가지이다. 모든 것을 잃고 나서야 후회하지 말고, 지금 자신의 핵심 분야에 집중해야 한다.

고슴도치 원칙

사람들을 성향에 따라 여우과와 고슴도치과로 나누어보겠다.

"여우과에 속하는 사람들은 많은 것을 알지만, 고슴도치과에 속하는 사람들은 한 가지 큰 것만 안다."

여우과 사람들은 여러 가지 목적을 동시에 추구하며, 세상의 복잡한 면들을 두루 살피면서 생활한다. 그들은 어지럽고 산만하다.

여러 단계를 오르내리는 탓에 자신의 생각을 하나의 종합적인 개념이나 통일된 비전으로 통합하지 못한다.

반면, 고슴도치과 사람들은 복잡한 세계의 모든 것들을 한 데 모은다. 그것을 하나의 종합적인 개념이나 기본 원리로 단순화한다. 이들은 아무리 복잡한 과제와 딜레마도 지나치다 싶을 정도로 단순하게 축소시킨다. 원칙에 부합하지 않는 것에는 전혀 관심이 없다. 고슴도치과 사람들은 심원한 통찰력의 본질은 단순함이라는 것을 이해하고, 본질만 보고 나머지는 무시한다.

좋은 회사를 위대한 회사로 도약시킨 사람들은 어느 정도는 모두 고슴도치과에 속한다. 그들은 자신의 속성을 활용하여 우리가 고슴도치 원칙이라 부르는 것을 자기네 회사에다 밀어붙였다. 비교 기업의 리더들은 여우 같은 속성이 있어서 고슴도치 원칙의 분명한 장점을 파악하지 못하고, 어지럽고 방만하며 일관되지 못한 모습을 보였다.

고슴도치 원칙 성공 사례를 월 그린즈에서 살펴보자. 월 그린즈가 경영에 눈부신 성과를 낸 것은 단순한 개념에서 출발했기 때문이다. 가장 좋고 가장 편리한 약국, 방문 고객당 이문이 높은 약국. 이것이 바로 월 그린즈가 인텔, GE, 코카콜라, 머크를 누르는 데 사용한 돌파 전략이다. 월 그린즈는 전형적인 고슴도치 원칙의 이 단순한 개념을 움켜쥐고 광적일 만큼 끈기 있게 실천해 나갔다.

월 그린즈는 방문하기 불편한 곳에 있는 약국들을 모두 접근이 편리한 위치, 즉 되도록 소비자들이 여러 방향에서 쉽게 드나들 수 있는 길모퉁이로 옮기는 체계적인 프로그램을 착수했다. 월 그린즈는 차를 타고 들어오는 약국을 최초로 만들어 시험해본 후 반응이 좋자 그런 약국을 수백 개 열었다. 도시 지역에서는 어느 누구라도 월 그린즈 약국에 오기 위해 몇 블록씩이나 걷게 해서는 안 된다는 개념 아래 약국들을 빽빽하게 밀집시켰다.

월 그린즈는 이어서 '편의'라는 원칙을 단순한 경제 원리, 즉 방문 고객당 수익으로 연결시켰다. 더 많은 편의가 더 많은 고객들을 불러들이고, 거기에 방문 고객당 수익까지 늘려주니, 자금에 더욱 여력이 생겨 훨씬 더 많은 편의를 제공하는 약국들을 구축하는 시스템을 만들 수 있었다. 가게에서 가게로, 블록에서 블록으로, 도시에서 도시로, 지역에서 지역으로, 월 그린즈는 믿기지 않을 만큼 단순한 이 고슴도치 원칙을 계속 펼쳐 나갔다.

편의점형 약국에서 세계 최고가 되는 것, 방문 고객당 수익을 꾸준히 늘려가는 것. 그 무엇이 이것보다 더 분명하고 직선적인 전략이 될 수 있을까?

월 그린즈의 경영진은 고슴도치 원칙에 부합하지 않는 잔 가지들을 모두 쳐내야만 수지 맞는 성장을 이룰 수 있다는 하나의 일관된 원리를 제시하는 확장 전략을 이해하여 철저히 실행했다. 반면, 경쟁사 에커드의 경영진은 성장을 위한 성장을 찾아 헤맨 차이 때문에 경영에 실패하고 말았다.

최고가 될 수 있는 분야

위렌 버핏은 월즈파고에 3억 달러를 투자하면서 "그들 월지파고은 자존심이 아니라 자기들이 이해하고 자기들의 능력을 발휘할 수 있게 하는 것이 무엇인지를 감안하여 할 일을 결정합니다."라고 말했다고 한다.

월즈파고의 경영진들은 자신들에게 물었다.

"우리가 다른 회사보다 더 잘 할 수 있는 잠재력이 있는 것은 무엇이고, 우리가 다른 회사보다 더 잘 할 수 없는 것은 무엇인가? 그리고 금융 분야에서 최고가 될 수 없다면, 우린 대체 무엇 때문에 일을 하고 있는 걸까?"

월즈파고의 경영진들은 글로벌 차원의 금융 부문에서 업계 선두인 시티코프를 능가할 수 없다는 사실을 인정하고, 자존심을 버리고 대부분의 국제 사업을 철수했다. 그런 다음 세계 최고가 될 수 있는 분야로 관심을 돌렸다. 대안책은 미국 서부에 초점을 맞추어 은행을 비즈니스처럼 경영하는 일이었다. 그것이야말로 월즈파고로 하여금 시티코프를 꿈꾸는 평범한 은행에서 세계 최고의 실적을 올리는 은행의 하나로 전환시킨 고슴도치 원칙의 정수였다. 고슴도치 콘셉트에 대한 월즈파고의 집중은 매우 강렬했다. 경영진들은 그것이 주문呪文이 되었다고 할 정도였다.

짐 콜린스는 다음과 같이 말했다.

"그건 그렇게 복잡한 것이 아니었습니다. 우린 그저 하고 있는 일들을 냉정하게 살펴본 뒤, 우리의 자존심을 충족시켜줄 수 없는 분야나 최고가 될 수 없는 분야에 한 눈을 팔지 않고, 다른 누구보다도 잘 할 수 있는 몇 가지 일에만 총력을 집중하기로 결정했던 것뿐입니다."

고슴도치 원칙은 최고가 된다는 목표, 최고가 되는 전략, 최고가 되려는 의사, 최고가 되기 위한 계획이 아니다. 그것은 당신이 무엇으로 최고가 될 수 있는지를 아는 것이다. 그 차이는 절대적으로 중요하다.

모든 회사들이 어느 분야에서건 제각기 최고가 되기를 바라지만, 어느 분야에서 정말 최고가 될 수 있는 잠재력을 가졌는지, 또 어느 분야에서 최고가 될 수 없는지를 자아도취에 빠지지 않고 예리하게 파악하고 있는 경우는 드물다. 위대한 회사로 도약한 기업들과 비교 기업들이 주요하게 대비되는 것 중 하나가 바로 이 점을 잘 파악했느냐는 여부이다.

고슴도치 원칙은 탁월함에 대한 엄격한 기준을 요구한다. 그것은 단지 강점이나 역량이 있다고 만들어지는 것이 아니다. 당신의 조직이 진정으로 해당 분야에서 최고가 될 수 있는 잠재력이 있는지 알아내고 그것을 끝까지 물고 늘어질 것을 강조하기도 한다. 업종이 같은 비교 기업들은 잘하기는 하지만 결코 최고가 될 수 없는 일에 집착하거나, 더 나쁜 경우 최고가 될 가망이 전혀 없는 분야에 불쑥 뛰어들어 손쉬운 성장과 이익을 추구하는 행태를 보였다. 그러한 기업들은 돈은 벌었지만 결코 위대한 회사가 되지는 못했다.

좋은 회사에서 위대한 회사로 도약하자면 능력이라는 요건을 초월해야 한다. 그러자면 "단지 우리가 그 일에 능숙하다고 해서, 우리가 그 일로 돈을 벌어 성장하고 있다고 해서, 반드시 우리가 그 일에 최고가 될 수 있는 건 아니다."라고 말하는 훈련을 해야 한다. 자신들이 잘하는 일을 해서는 그저 좋은 회사가 되는 것에 그칠 뿐이다. 다른 어떤 회사보다도 더 잘할 수 있는 잠재력을 가진 분야에 전념하는 것이 좋은 회사를 뛰어넘어 위대한 회사로 도약하는 유일한 길이다.

짐 콜린스의 말에 의하면, 위대한 회사로 도약한 기업들이 고슴도치 원칙을 정확히 끄집어내기까지는 평균 4년이 걸렸다. 과학적 통찰과 마찬가지로 고슴도치 원칙 역시 복잡한 세계를 단순화하고 쉽게 결정을 내릴 수 있게 해준다. 그러나 고슴도치 원칙을 갖는 순간 명쾌함과 명료한 단순성이 확보되는 반면에, 그 개념을 얻기까지는 지독하게 힘들고 시간이 걸릴 수도 있다.

필자도 짐 콜린스의 『좋은 기업을 넘어 위대한 기업으로』를 읽고 많은 힌트를 얻고 실천 계획을 생각했다. 그리고 8년이 지난 지금은 강의하는 일에만 열중하고 있다. 예전에는 기업체 경영컨설팅, 브랜드 시장 조사, 프랜차이즈 운영 등을 동시에 했지만, 어느 것 하나 1등 하는 것이 없었다. 조직은 방만해지고, 힘은 몇 배로 들었다. 그런데 고슴도치 원칙을 적용하기로 결정하고 최고가 아니라고 판단된 것들은 모두 버리거나 내다 팔거나 정리한 결과 복잡한 문제들이 매우 간단해졌다.

남은 것은 아무 것도 없었다. 그전까지는 형편없는 일을 돈 버는 방법이라 믿고 머릿수만 채웠던 사람들과 보이지 않는 긴 터널을 걸었던 것이다.

맨몸 하나로 새로운 가능성에 다시 도전하기로 했다.

'기업에 나가서 강의하는 사람이 되자! 어떤 강사가 될까? 내가 해왔던 컨설팅을 강의에 접목하는 컨설팅 강사가 되자.'

필자는 스스로 고슴도치과에 속하여 8년을 컨설팅 강사라는 한 길로 달렸다. 이제는 작은 중소기업만큼의 수익을 창출하는 사람이 되었다. 2년쯤 후에는 강의 분야로 거시적 확장 전략을 펼치리라 계획하고 있다.

03

토털 솔루션을 제공하라

　　홀로서는 개인도 기업처럼 토털 솔루션을 제공해야 한다. 최고의
서비스를 제공하는 것은 시장에 진입하는 입장료에 지나지 않는다.
이유는 간단하다. 글로벌 경영 환경 아래서 전 세계의 서비스나 상
품이 모두 동질화되고 있기 때문이다. 미국, 이탈리아, 프랑스에서
본 물건이나 한국의 물건에 이르기까지 수많은 상품에 모두 'made
in China' 라고 적힌 라벨이 붙어있는 것은 우연이 아니다. 그 현상
은 이제 전 세계의 상품이 모두 같다는 의미로 받아들여도 된다.

가장 큰 문제는 '특별함이 없다' 는 것이다

톰 피터스는 다음과 같은 말을 했다.

"민간 항공 분야에도 상황은 마찬가지이다. 여기저기에서 불만이 터져 나오고 있지만, 전반적으로 항공산업은 잘만 돌아간다. 비행기가 정시에 출발하고 정시에 도착한다. 승객 안정은 물론이고 수하물 처리도 나무랄 데 없다. 하지만 서비스를 보면 어디에도 '특별한' 점은 없다. 이처럼 별 볼 일 없는 '주류'를 두고 다른 곳, 예를 들어 사우스웨스트 항공 같은 곳을 이용하지 못할 이유는 없다. 미국 내를 비행할 때는 어차피 어떤 항공사도 점심을 제공하지 않는데 70달러짜리 사우스웨스트 항공 대신에 굳이 몇 100달러짜리 유에스에어United State Air를 이용할 필요가 있을까?"

또한 톰 피터스는 기업에 특별함을 더하라는 것을 강조하기 위해 다음과 같이 말했다.

델 + IBM + 할리데이비슨 = 완벽한 모델

델 = 쓰레기를 완전히 제거한다(100평방피트).
IBM = '소프트'와 '통합', '턴키', '고객 성공' 측면에서 막대한 가치를 더한다.
할리데이비슨 = 정말 멋진 경험

말하자면 이렇다. 쓰레기 생산자와 소비자의 직거래로 발생하는 유통 가격 - 저자 주를 제거하고 소프트(서비스) 측면의 가치를 더해 멋진 경험으로 만들어라.

필자가 강의한 내용을 특별함을 제공하는 한 사례로 들어본다.

우리나라 영화관은 90년대 초 일대 문화혁신이 일어났다. 영화를 상영하는 장비들도 많이 개선되었겠지만, 영화관 환경이 많이 변화했고, 관객을 위한 편의시설이 제공되기 시작했다. 그 중 하나가 의자를 혁신적으로 만든 것이다. 예전 영화관 의자는 나무 소재인 데다가 앉았다가 일어서면 '팍' 하고 자동으로 접혔다. 앉으려면 다시 앞으로 당겨야 했고, 장시간 앉아 있기에도 불편했다. 그런데 나무의자가 쿠션이 있을 뿐 아니라 편안한 자세로 반쯤 누워서 볼 수 있는 '뒤로 접이식 의자'로 개선되었다. 처음 그런 의자를 설치하고 설문 조사를 한 결과 놀라운 사실이 발견되었다. 연인들이 영화를 보는 비용으로 2시간 동안 편안하게 함께 시간을 보낼 수 있는 공간은 대한민국 내에서 영화관밖에 없다는 것이었다. 그만큼 영화관 환경이 개선된 것이다.

새로운 영화관은 바람을 타고 전국적으로 급속하게 확장되었다. 15년의 세월이 지난 지금의 영화관은 특별한 차별화가 되지 않아서 또 다른 위기에 봉착했다.

영화관 산업의 차별화 전략은 과연 무엇일까

최근에는 여기저기에서 영화관이 문을 닫고 있다. 영화관이 입점한 쇼핑몰도 젊은 사람들을 유인해 오는 전략 문제가 발생하자 새로운 대안을 제시하지 못하고 있는 실정이다. 처음에는 쇼핑몰들이 고객을 대량 유인할 수 있는 업종게임방, 영화관, 찜질방, 푸드코트 등을 대상으로 빌딩 상단을 분양했었다. 그 중 찜질방이라도 있으면 주차 차량이 빨리 회전되지 않아 쇼핑몰 아래층에 있는 점포들은 방문 고객의 주차 문제를 해결할 수 없을 경우 모두 몰락하고 말았다. 쇼핑몰에 10~15개관이나 되는 영화관이 입점한다는 홍보에 힘입어 많은 사람들이 점포를 분양받았으나 낭패를 본 경우가 많다.

영화관이 다시 활성화될 수 있을까? 활성화되려면 어느 부분이 개선되어야 할까?

다음은 필자가 영화관을 컨설팅한다는 가정 아래 영화관 사용 전, 사용 중, 사용 후 사람들의 반응을 관찰한 결과 찾아낸 아이디어이다.

영화관에 베이비 시팅 룸을 설치한다

우리나라의 인구 분포도에 의하면, 25~32세의 사람들이 가장 많다. 이들은 결혼적령기에 있으며, 기혼자라면 출산 시기에 있거나 어린 자녀가 한둘 있을 수도 있다. 필자도 그 나이 때 3살짜리 아이를 데리고 영화관에 간 적이 있다. 영화가 시작되면서 밝았던 공간이 깜깜해지고 가슴까지 터질 것 같은 음향이 퍼져나오자 아이가 놀라 울기 시작했다. 필자는 아이를 데리고 밖으로 뛰어나와야 했다. 놀란 아이는 영화가 끝날 때까지 울고 보챘다. 그 이후로 아이와 영화관을 함께 가본 적이 없다.

영화산업을 활성화시키려면 가장 영화를 많이 보는 연령대를 겨냥해야 한다. 표적 고객 증가를 위한 영화관 컨설팅을 가정하여 베이비 시팅 룸baby sitting room 운영에 대한 생각을 간략히 나눠볼까 한다.

베이비 시팅 룸은 영화 관객에게 편의를 제공하려는 목적으로 만들었으므로, 영화 티켓을 끊어야 사용할 수 있다. 아이들을 돌보는 시간은 기본 3시간 정도로 한정하고 요금은 1만 원으로 책정한다고 가정하자. 부모들은 아이가 먹을 음식과 옷가지들을 함께 맡겨둘 수 있고, 보육 선생님들은 아이를 안전하게 보살필 것이다. 3시간이 초과할 경우에는 일정 비용을 추가한다. 이 비용은 결코 비싼 것이 아니다. 대한민국에서 3시간 동안 1만 원에 아이를 맡길 수 있는 곳은 단 한 곳도 없기 때문이다.

또한 영화관측에서는 주차장을 편리하게 이용할 수 있도록 주차 공간을 확보해야 한다. 요즘 고객들은 대부분 차를 가지고 이동한다. 주차 공간이 좁아 한 번 불편함을 느낀 고객은 어쩌면 영원히 놓칠 수 있다.

베이비 시팅 룸과 편리한 주차 시설을 제공하는 토털 솔루션을 제공하면 소비활동과 여가활동의 욕구가 가장 왕성한 연령대를 재빠르게 흡수하여 쇼핑몰도 다시 활성화하고, 영화관도 살릴 수 있으리라 감히 제안한다.

고객을 위해 컨설팅을 겸한 이런 정도의 토털 솔루션을 제공하려면 홀로서기를 하는 개인도 혼자만의 한계를 극복하기 위해 팀을 구성해야 한다. 팀을 구성하라는 말은 사무실을 얻어서 함께 얼굴

보면서 일해야 한다는 의미가 아니다. 함께 프로젝트를 달성하기 위해 팀을 이루고, 만날 수 있으며, 연락이 가능하면 된다. 집이 사무실이자 일터라도 괜찮고, 일하러 나간 곳을 자신의 사무실이라 여기고 활용하면 된다. 이렇게 서로의 전문성을 바탕으로 시너지 효과가 있는 사람들이 모여 확장 전략을 차별화해 가면 더 큰 성과를 낼 수 있다.

04
종합 엔터테인먼트

홀로서기를 하는 사람들은 모든 면에서 뛰어나야 하고 일도 잘해야 한다. 필자는 자신을 철인 3종 경기를 하는 선수처럼 생각하고 달린다. 홀로서기를 위한 필수적인 능력은 다음 세 가지로 요약할 수 있다.

첫째, 의뢰인으로부터의 명확한 수주受注
둘째, 상품의 가치까지 고려하는 전문성을 갖춘 문제 해결 능력
셋째, 또 다른 수주 계약 및 소개에 의한 연결

의뢰인으로부터 명확한 주문을 받는 것은 영업에서 계약에 이르는 과정을 포괄하고 있다. 조직 속에서는 계약서의 초안을 잡거나

그것을 상위에서 철저하게 검토하는 사람이나 영업하는 사람이 나뉘지만, 홀로 달리는 사람들은 이 모든 것을 혼자 해야 한다. 그러나 두려워하지 말기 바란다. 당신도 할 수 있기 때문이다. 당신도 홀로서기를 하면 곧 더 열심히 영업하게 될 것이며, 더 철저하게 계약서를 만들어낼 것이다. 왜냐하면 홀로서기를 결심한 순간 당신의 능력은 이미 새로운 잠재력까지 만들어내고 있기 때문이다. 당신 속에 숨어있는 잠재력은 당신을 든든하게 지원할 것이다.

사람에 따라 다르겠지만 필자가 홀로서기를 한 분야는 강의이다. 먼저 교육기관들을 조사하고, 담당자의 이름과 연락처들을 확보했다. 전화로 영업하기로 하고 몇 가지 시나리오를 작성해 열심히 전화를 걸었다. 처음 필자를 불러준 곳은 한국표준협회인데, 돈을 받고 강의하는 선생이 되겠다고 결심한 이후 처음 그곳으로 출강을 나갔다.

처음 강의했던 교재를 지금 들여다보면 얼굴에 미소가 번진다. 촌스런 색을 사용하여 파워포인트로 만든 자료, 복잡한 글 위주의 보잘 것 없는 구성들, 책에 있는 내용과 당시 언론에서 시사적으로 발표했던 자료 정도를 강의 소재로 활용했었다. 그렇게 강의를 하고도 강사료를 받았다니 창피한 생각이 든다. 세월이 지난 지금 필자는 소프트웨어의 화려한 멀티프레젠테이션보다는 남들이 흉내 낼 수 없는 나만의 특별한 주제를 한두 개 정도 개발해서 프레젠테이션 내용을 편하게 보고, 오래도록 기억할 수 있도록 제작한다. 그리고 불러준 데 감사하는 마음으로, 사람의 변화, 기업의 변화, 의뢰사와 직접 관련된 성과에 영향을 주는 컨설팅 내용을 한 가지 정도 제시하는 차별화 전략을 마련한다.

　필자의 강의를 신뢰하여 이전에 강의를 의뢰했던 회사가 다시 불러주거나, 다른 교육기관을 소개해줄 때는 정말 감사한 마음이 든다. 필자는 비록 그 회사의 직원은 아니지만, 내 강의를 듣는 사람들이 필자를 대신해서 영업해줄 수 있도록 최선을 다한다. 혼魂을 실어 강의하면 사람들에게 열정이 전달되고, 혼을 싣지 못하면 사람들의 눈동자도 멀어져 간다.

　어느 정도 시간이 흐르고 강의한 교육기관이나 회사가 늘어나면서 영업 횟수가 줄어들었다. 강의하기 바빠서 영업할 시간이 없었기 때문이다. 아침까지 강의를 준비하고 잠도 못 자고 바로 강의장으로 출발했던 날들도 많았다. 그러나 매달 실적은 더 높아져 갔다. 강의를 들은 사람들이 유사 업종이나 계열사들에게 필자를 소개해주기 시작했기 때문이다.

　여기에서 큰 것을 하나 터득했다. 혼을 실은 강의를 필자에게 들은 사람은 다른 사람에게 필자를 대신해서 영업해준다는 진정한 영업 고수의 진리를 깨달은 것이다. 주변에서 도와주어 올해도 벌써 12월까지 50% 정도의 강의를 예약받아 놓은 상태이다.

　이러한 경지에 이르려면 홀로서기에 필요한 여러 가지 능력을 철저히 준비해야 한다. 지금 당장 능력이 부족하다고 좌절할 필요는 없다. 웬만한 것은 지인의 도움을 받으면 해결될 수 있는 것들이다. 하지만 가장 중요한 핵심 역량본질—강의 준비, 강의 기술, 문제 해결, 요구 사항의 만족도 등만큼은 의뢰인이 양보하지 않는다는 점을 잊어서는 안 된다. 이런 난관만 잘 해결하면 그들이 당신의 영업을 대신해줄 것이다.

이 외에 대인관계나 피드백에 관한 문제도 신경 써야 한다. 특별히 필자는 강의 후 교육기관이나 교육생들이 교육자료를 요청하거나 개인적인 상담을 원하면 들어준다. 대학교에서 강의한 후에는 학생들의 이력서나 자기소개서 작성 자료들을 이메일로 받아 오랜 시간 수정 보완하는 피드백을 해주어야 할 때도 있다. 나를 찾는 고객을 1:1로 생각하기 때문에 그들의 입장에서 문제를 해결하려고 노력하는 것이다. 기업의 경우는 강의 후 구조조정이나 워크아웃 지원을 상당히 많이 했었다.

- 영업 제안서 작성하기(의뢰 목적, 영업 내용, 진행 과정, 소요 비용, 기대 효과)
- 계약서 작성(계약 주최 확정, 계약 목적, 계약 기간, 업무 범위, 산출물, 인력 풀, 결제 조건)
- 프로젝트 수행(실무자들이 투입되어 수주 업무 추진)
- 산출물 발표(산출물에 대한 브리핑)
- 사후 관리(추가 보강 및 인간관계 유지)

분야에 따라 다소 차이가 있겠지만 위의 내용은 홀로서기를 하기 위한 업무의 처음과 끝을 위한 과정이다.

길을 여는

4장

마케팅 전략

자신의 가장 우수한 능력 자산 중 하나를 선택해서 홀로서기를 할 때는 시작 전에 마케팅과 세일즈 전략을 수립해야 한다. 엄연한 일인 기업이므로 경영 전략3장 완전하게 홀로서는 차별화 전략을 세워야 한다. 마케팅, 세일즈, 계약, 프로젝트 진행까지를 혼자 하는 것이 쉬운 일은 아니지만, 못할 이유도 없다. 긍정적으로 생각하면 오히려 늘 긴장할 수 있어서 좋다. 좀 더 나은 상품을 만들어 고객들에게 세일즈를 해야 한다는 발전 지향적인 마인드로 생활할 수 있기 때문이다.

과거 필자가 기업이라는 조직 안에서 했던 역할은 지금 필자가 혼자 하고 있는 일에 비하면 보잘 것이 없었다. 단순히 한 팀에서 작은 일에라도 참여하여 끝내면 마치 내가 대단한 일에 기여한 것처럼 여겨져 급여일에 월급을 보고 감사해본 적도 별로 없었던 것 같다. 사실 당시는 더 열심히 일한 사람들이 아니라, 나보다 더 못한 사람들을 표적으로 삼아 비교했기에 업무에 대한 열정이나 프로젝트 참여

기여도는 시간이 갈수록 점점 줄어들었던 것으로 기억한다.

그러나 막상 홀로서기를 하면서 그전에는 몰랐던 능력이 내게도 있음을 발견하면서 놀랄 때가 많았다. 홀로서 있는 만큼 성공을 위해 내 속에 있는 잠재력을 모두 소진해야 하고, 기존의 것보다도 더 차별화해서 상품화하는 작업을 해야 하고, 늘 새롭고 위대한 일을 찾는 것에 목말라 해야 했다. 그리고 찾고 찾던 것을 발견하는 대로 밤새워 분석하고 연구하여 내 것으로 체화할 때는 예전에 느껴보지 못한 잔잔한 흥분을 체험하기도 했다. 이런 열정과 노력은 아마 조직 속에 머물러 있었다면 지금도 필자와 거리가 먼 일이었을 것이다. 홀로서기를 하면서 스스로 모든 것을 해야 하는 외로움과 두려움도 느끼면서 어느 것 하나라도 누군가가 나에게 공짜로 주는 것이 없다는 것을 깨우쳤다. 그 후로는 두려움보다는 도전적이고 야생마적인 기질이 생겨나 모든 잠재 능력을 동원하는 조합의 능력이 나타나기 시작했다.

사막에 홀로 던져두어도 살아남을 수 있는 사람!
홀로서기를 해야 된다고 생각했을 때 처음 뇌리를 스쳤던 글이었다.

필자는 당신에게 이론적인 마케팅과 세일즈에 대한 지식을 전하려는 것이 아니다. 그러나 홀로서기에도 마케팅과 세일즈 전략이 필요하다. 필자의 경험을 바탕으로 하여 홀로서기의 마케팅과 세일즈 전략에 새로운 툴을 제시해보겠다.

01
마케팅 전략

마케팅과 세일즈의 새로운 툴은 통합이다. 이것을 의아하게 생각하는 사람도 있겠지만, 아날로그 시대와 디지털 시대의 달라진 모습 중에서 진보적으로 변화한 것이 마케팅과 세일즈 과정이다. 예전에는 마케팅 과정과 세일즈 과정이 따로 있었다. 그러나 21세기에는 마케팅과 세일즈가 동시에 발생하고 있다. 마케팅과 세일즈는 특히 홀로서기를 준비하는 사람들은 필수적으로 교육받아야 할 부분이다.

간단한 사례로 설명하면 다음과 같다.

홈쇼핑에서 물건을 주문해보았는가? 요즈음은 많은 기업들이 소비자에게 인지도가 높은 쇼핑 채널을 통해 제품을 소개한다. 쇼핑 호스트들이 제품의 특징을 살려 30분 정도 제품을 소개하면 소비자들은 다양한 옵션과 저렴한 가격을 검토하고, 2~3일 후면 집에서 물건을 편하게 받을 수 있는 유통 방법의 장점까지 고려해서 구매한다. 이로써 기업은 영업 사원이 전국적으로 달려 나가던 푸시 push 세일즈를 하는 것이 아니라, 좋은 제품을 만들기 위해 R&D연구 개발에 투자 비율을 높이고, 영업 인력을 줄이는 구조를 갖추게 된다.

컴퓨터 회사인 델Dell사도 유통 경로의 구조를 혁신함으로써 중간 딜러인 도매상과 중간상을 제외하고 소비자에게 직접 판매하는 전략을 실행하여 컴퓨터 업계에서 세계 최고의 기업으로 부상할 수 있었다. 이처럼 마케팅 활동이 즉시 세일즈로 연결되어 주문으로 이어지는 것이 현대에 보편화된 마케팅과 세일즈의 통합 유통 구조이다.

홀로서기를 하는 사람도 마케팅과 세일즈의 통합 전략을 사용해야 한다. 혼자 시간을 내어서 별도로 영업을 하기가 쉽지 않기 때문이다.

이제부터는 당신이 기존에 알고 있던 것에서 홀로서기에 필요한 부분만 마케팅과 세일즈 전략에서 부분적으로 적용하고, 필자가 사용해본 툴들을 이용해 쉽게 이해하고 편하게 활용할 수 있도록 설명하겠다.

길을 여는 마케팅

홀로서기의 마케팅은 고객의 니즈needs가 아닌 원츠wants에 기본을 두고 있다. 원츠에 기본을 둔 활동이란 '계속적인 관계를 유지하면서 나를 불러줄 수 있는 브랜드 밸류brand value 구조'를 만드는 것이다. 이를 위해서는 당장의 매출을 확보하기 위한 일시적인 판매 전략과는 달리 지속적인 성장과 거래를 위해 당신의 브랜드 밸류를 원하는 고객에게 맞춰서 마케팅과 세일즈 활동을 해야 한다.

기업처럼 불특정 다수에게 많은 비용을 들여 오랜 시간 광고와 홍보를 하는 것이 아니라, 관여도가 높은 특정 표적을 대상으로 고객의 원츠를 만족시킬 수 있는 마케팅과 세일즈 전략을 세워야 한다.

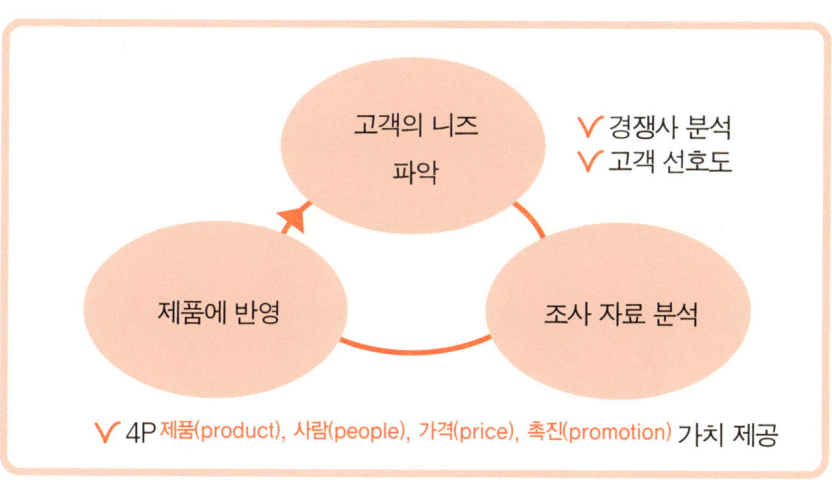

예전에 우리가 알던 마케팅의 개념은 시중의 경쟁사를 분석하고 고객의 선호도를 조사해서 고객의 니즈가 무엇인가를 파악하고, 조사된 자료를 분석하여 제품에 반영하는 것을 말했다.

그러나 모든 것이 비슷해지고 있다.

전 세계에서 생산하는 제품이 점점 비슷해지고 있으므로 톰 피터스는 무엇보다 브랜딩이 중요함을 다음과 같이 말했다.

"브랜딩이 전에 없이 중요해졌다. 어떤 분야든 뛰어난 제품과 서비스가 존재하기 때문에 품질만으로는 부족하다. 물론 같은 가격이라면 제품과 서비스의 질이 중요하겠지만 이는 어디까지나 출발점일 뿐이다."

마케팅 ⇒ 브랜드 밸류 인식 ⇒ 믿음

마케팅을 통해 특별히 차별화된 브랜드 밸류를 인식시킴으로써 고객으로부터 당신에 대한 믿음이 확고하도록 만들어놓는 것이 중요하다.

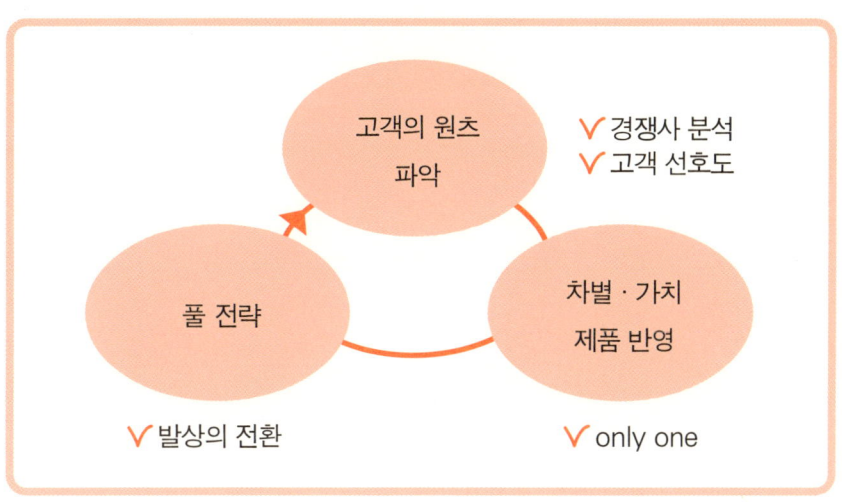

디지털 시대의 홀로서기 마케팅 콘셉트는 '표적 고객을 파악해서 필요한 분야를 잘 이해하고 고객의 원츠를 파악한 후 자신의 차별화된 가치를 제품 개발에 반영하면, 고객이 당신을 스스로 찾아오는 전략'이다.

당신이 독립적으로 활동하더라도 남과 다른 차별화 전략의 가치를 가지고 있다면 고객은 스스로 당신을 찾아올 것이다. 그러므로 개인이 독립 계약자가 되고, 독립적인 활동을 하는 주체가 된다.

홀로서기를 하는 사람들은 푸시 전략이 아닌 풀 전략을 이해하고, 혁신적인 마인드로 무장해야 한다. 자신의 차별화된 가치를 발견해서 제품이나 상품에 반영해야 하며, 상호 관여도가 높은 표적 고객을 찾아 효율적인 마케팅 계획을 실행할 준비를 해야 한다.

차별화된 가치 ⇒ 고객을 선도하는 '상품화'

제품이 모두 같아지는 세상에서 고객이 당신에게서 차별화를 찾아내게 하려면 남다른 특별함을 만들어야 한다. 눈에 띄지 않으면 함께 묻힌다. 차별화의 가장 좋은 방법은 자신이 가진 지식을 지혜롭게 활용해서 '상품'을 만들어 제시하는 것이다.

고객은 느리다. 고객을 믿고 기다리면 안 된다. 고객은 무엇을 선택해야 하는지, 지금 선택하는 것이 잘하는 것인지 모른다. 당신의 아이디어로 고객을 이끌어야 한다.

마케팅 목적

톰 피터스의 말에 따르면, 밴틀리 대학의 총장이자 RPI 경영대학원의 전 학장인 조셉 모론Joseph Morone은 "고객의 목소리를 우상으로 숭배하면 점진적인 진보밖에 이룰 수 없다."고 했다. 또한 머클리 뉴먼 하티Merkely Newman Harty의 파트너 더그 애트킨Doug Atkin은 "오늘날 고객에게 끌려 다니는 기업은 성공할 수 없다. 끊임없이 변화하는 세상에서는 고객이 다음 번 대박을 예측할 수 없기 때문이다. 따라서 기업은 고객의 소리를 참고하면서 아이디어를 중심으로 움직여야 한다."고 말했다.

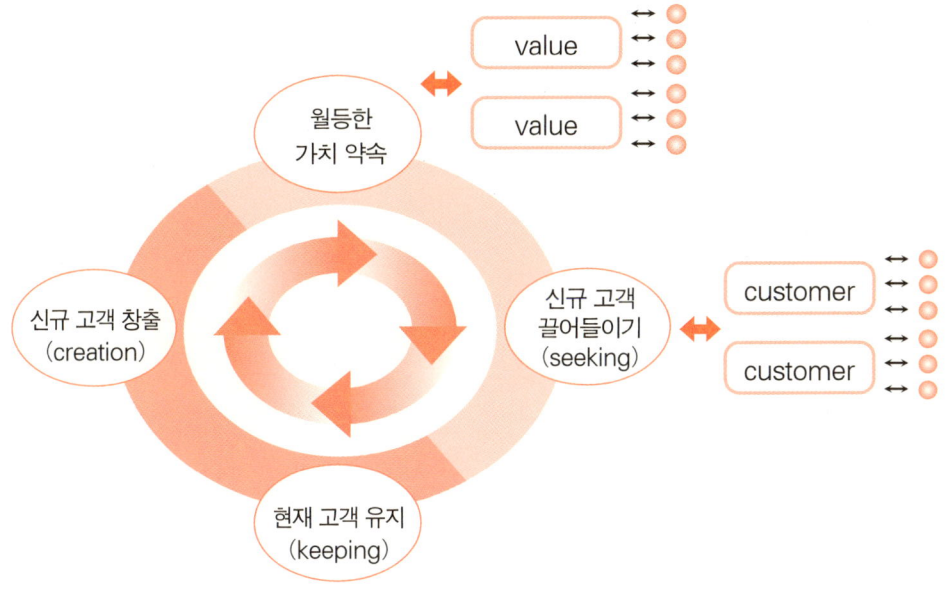

마케팅을 하는 목적은 다음과 같다.

첫째, 신규 고객을 끌어들인다. 특별히 차별화된 상품을 개발해서 시중의 신규 고객들이 당신을 기억하고 찾아올 수 있도록 해야 한다.

둘째, 현재 고객을 유지한다. 현재 고객을 유지하기 위해서는 40%의 비용이 소비되지만, 신규 고객을 만드는 데는 200%의 에너지가 투입되어야 하며, 불만족을 느끼고 등을 돌린 고객을 돌아오게 하려면 400%의 에너지가 들어야 한다. 현재 고객을 유지하면 신규 고객을 확보하거나 이미 떠난 고객을 돌이키는 데 드는 많은 비용을 줄일 수 있으므로 상당히 효율적인 경영을 할 수 있다.

셋째, 잠재 고객을 발굴한다. '기발한 아이디어'나 '기회 선점 경쟁 요소의 상품화' 작업은 차별화된 브랜드 밸류를 만들고 동시에 전문가임을 알리는 기회가 되어 당신이 선택한 산업 분야를 리드할 수 있는 선점의 기회를 제공해줄 것이다. 머서매니지먼트컨설팅의 에이드리언 슬라이워츠키 Adrian Slywotzky는 "미래를 함께 할 고객은 현 고객의 2~3%밖에 안 된다."고 말했다. 이 말은 잠재 고객을 발굴하는 데 반드시 노력을 집중해야 할 이유를 제시해준다. 잠재 고객을 발굴하여 신규 고객을 창출하는 것은 매출 증대에도 기여한다. 매출 증대에 관한 기여는 세일즈 전략에서 자세히 말하도록 하겠다.

마케팅 역할

마케팅의 역할을 시장 조사나 광고 활동 정도로 착각해서는 안 된다. 인사 업무는 리엔지니어링 reengineering : 기업의 업무와 조직을 근본적으로 재구성하여 경영의 효율을 높이려는 경영 방법, 다운사이징 downsizing : 기업의 업무나 조직의 규모 따위를 축소하는 일, 연공서열 年功序列 : 근속 연수나 나이가 들어감에 따라 지위가 올라가는 일의 붕괴, 연봉제 확산 등으로 많은 변화가 이루어졌지만, 마케팅은 표면적으로 새로워진 것이 보이지 않는다. 마케팅에서 했던 시장 기회 포착, 표적 시장 설정, 포지셔닝, 마케팅 믹스 전략 등의 프로세스는 변한 것이 없지만 마케팅을 전개하는 핵심 포인트 기법은 변했다.

이전과 달리 최근의 시장 환경은 급변하고 있다. 기업의 기술 가속화로 공급이 초과되어 시중에 물량이 넘쳐나는 현상이 초래되었다. 공급 초과는 옛날의 전쟁과는 다르게 총칼 없는 경제 글로벌 전쟁을 일으켜 국가 간의 장벽을 제거시켰고, 고객들로 하여금 브랜드보다 가격 중심의 트렌드로 돌아가게 했다. 이러한 때 마케팅은 속도 경영을 해야 한다. 지금은 모두 출발선이 같아지는 환경이다.

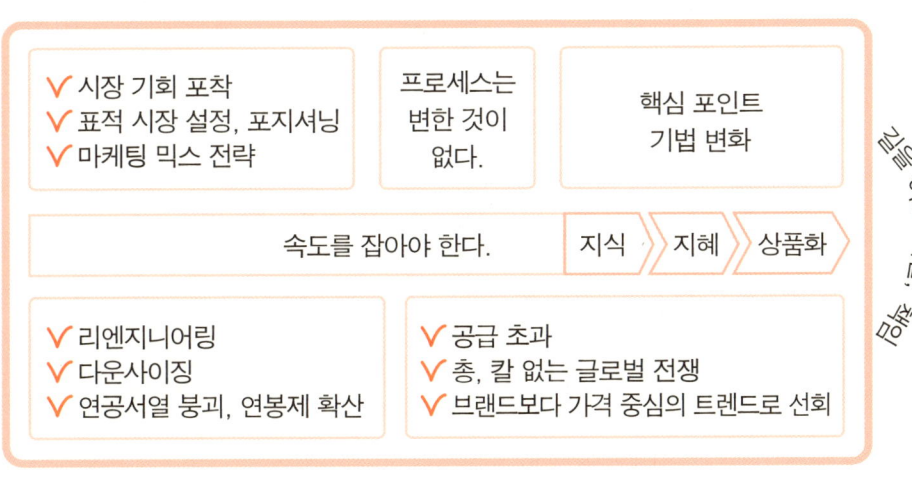

디지털 시대의 마케팅 계획

피터 드러커는 기존의 세일즈와 마케팅 활동을 분류하여 다음과 같이 설명하고 있다.

세일즈와 마케팅을 혼동하지 마라.

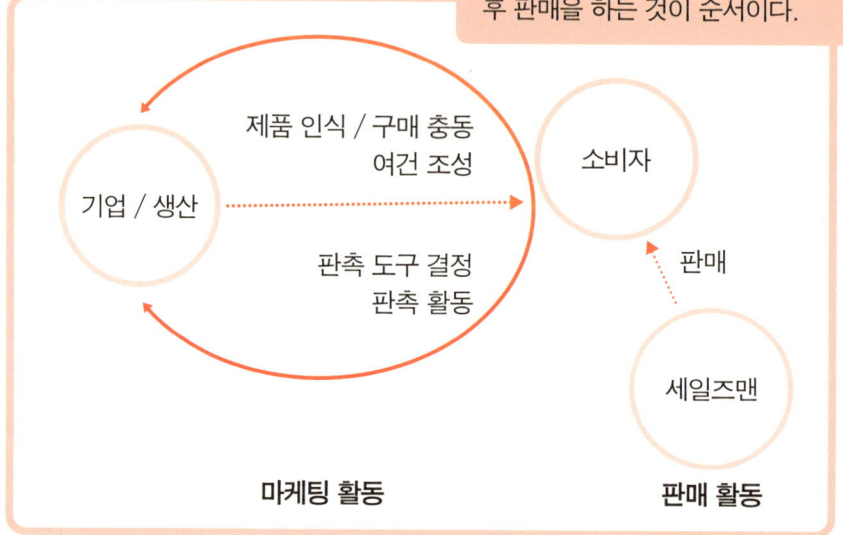

"만든 물건을 파는 것이 아니다."
팔릴 수 있는 물건을 개발하여 고객이 구입할 수 있도록 여건을 조성한 후 판매을 하는 것이 순서이다.

마케팅 활동이란 기업이 생산한 제품을 판촉 활동을 통해 소비자에게 인식시켜 구매 충동을 일으킬 수 있는 여건을 조성하는 활동이다. 이것을 개인의 활동으로 해석해보면, '개인이 가진 브랜드나 상품화한 것을 판촉 활동을 통해 소비자로 하여금 인식하게 하여 그를 만나야겠다는 충동을 일으키는 활동' 이라 할 수 있다.

세일즈 활동이란 판촉 활동으로 소비자가 제품 구매 충동을 느끼고 있는 상태에서 '고객의 손이나 눈에 상품이 전달될 수 있도록 하는 활동' 이다. 개인에게 축소해보면 '판촉 활동을 통해 개인의 브랜드나 상품화의 역량을 느끼는 소비자에게 눈과 귀로 자신을 확인시켜서 선택하게 만드는 활동' 이라 할 수 있다.

디지털 시대의 마케팅 계획은 마케팅 활동을 통해 구매 또는 선택의 충동을 느끼고 있는 고객이 직접 구매를 하게 하는 것이다. 결론은 마케팅 활동과 세일즈 활동이 통합된 형태를 의미한다.

디지털 시대의 마케팅 계획 ⇒ '구매'

만들어진 물건을 파는 시대는 이미 지났다. 디지털 시대가 되면서 피터 드러커가 말한 이론조차도 실전에서는 바뀌고 있다. 이제는 팔릴 수 있는 물건을 개발하여 고객이 구입할 수 있도록 여건을 조성한 후 판매하는 것이 마케팅 순서가 되고 있다.

개인의 입장에서 말한다면 '지금까지 당신이 가진 상품으로는 고객이 돈을 지불하도록 만들기 어려울 것이다. 새롭고 차별화된 당신의 브랜드와 상품을 만들어서 충분히 고객을 인식시킨 다음에야 비로소 당신을 판매할 수 있다.' 고 할 수 있다.

이것에 관한 실례를 필자가 업으로 하고 있는 강사라는 직업을 놓고 설명하겠다.

디지털 시대의 강사의 마케팅 계획 ⇒ '경험'

강의하는 입장에서는 한 번의 마케팅 활동과 세일즈가 일어나면 '자신의 특별한 브랜드 밸류와 최신의 상품성으로 무장하여 사람들로 하여금 당신을 경험하게 만들어야' 한다.

당신에 대한 특별한 경험을 하게 하면 재의뢰 및 타기관의 소개로 세일즈가 이어진다. 여기에서 특별한 '경험'은 단순한 강의로 서비스하는 것이 아니다. 이것의 크기는 슈퍼급이고, 시간으로는 아주 오랫동안이며, 체험으로는 잊혀지지 않을 충격적인 이벤트이자 모험이며 사건이다. 이런 경험은 더 큰 부가가치를 발생시킬 수 있도록 더 많은 고객을 불러 모으는 기회가 될 것이다. 가슴속에서 지워지지 않을 강의로 사람들로 하여금 자신을 기억하게 만드는 것이 디지털 시대에 강사에게 적합한 마케팅 계획이다.

디지털 시대의 유통 경로

아날로그 시대에는 여러 경로를 거쳐서 상품을 시장에 출시하는 것이 오히려 제조 회사 입장에서는 유리했다. 그래서 제조 회사들은 지금까지 도매상과 중간상을 중간에 끼워 넣은 유통 경로를 만들었다. 시장의 판매 가격을 기준으로 할 때 도매상과 중간상에 들어가는 경비는 거의 30~40% 정도로 예상할 수 있다.

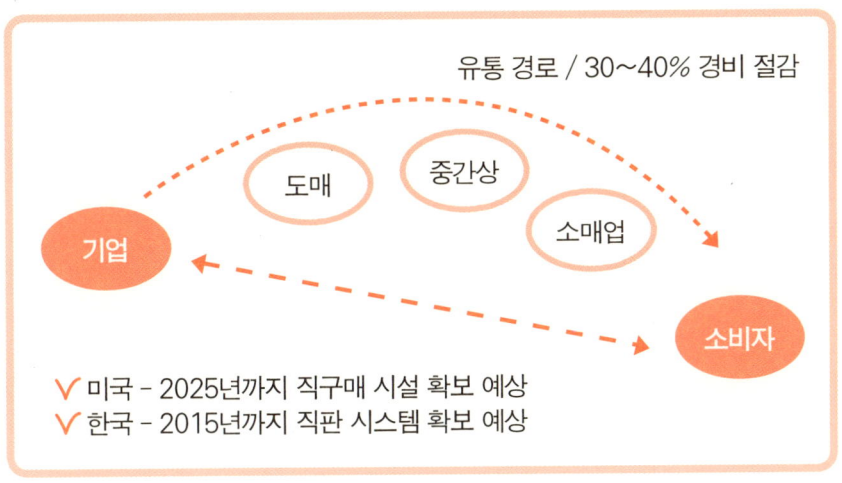

유통 경로 / 30~40% 경비 절감

도매　　중간상

소매업

기업　　　　　　　　　소비자

∨ 미국 – 2025년까지 직구매 시설 확보 예상
∨ 한국 – 2015년까지 직판 시스템 확보 예상

　　이런 유통 경로는 오랜 관행으로 우리 사회에 뿌리 깊게 자리 잡고 있으며, 유통 혁신이 일어나도 물류 시스템을 개선하는 정도에 지나지 않았다. 그런데 인터넷 환경이 만들어지면서 생산자와 소비자가 직접 거래하는 시대로 발전했다.

　　인터넷 환경에서는 고객과 생산자 간에 실시간 거래와 커뮤니케이션이 가능하다. 많은 정보를 동시에 비교해서 구매할 수 있고, 가격도 유통 경로에 묻어 있는 30~40%를 제하고 더 저렴하게 구매할 수 있다. 이제 고객은 좋은 제품을 저렴하게 구매하여 지정한 자리에서 받을 수 있는 쇼핑 문화를 즐기고 있다.

웹으로 연결하라

웹web은 비즈니스의 큰 통로이다. 디지털 시대는 웹으로 길을 여는 마케팅과 세일즈가 일어난다. 모든 것이 웹으로 시작해서 웹으로 끝난다.

우리가 잠든 시간에도 당신의 웹은 움직여야 한다. 웹에서 당신을 알리는 것 전부를 세분화하여 상품화해야 한다. 쌍방 간 커뮤니케이션도 웹을 통해서 하고, 프로젝트 수주의 흔적도 웹에 남겨야 한다. 당신을 아는 모든 사람들이 웹을 통해 교류할 수 있게 하고, 큰 고객도 웹으로 끌어들여 비즈니스를 하도록 해야 한다. 웹이 활성화되는 길 위에는 커다란 이득이 있다. 그러므로 웹을 보물창고와 같은 지식의 창고로 삼아 늘 샘처럼 솟아나는 정보가 넘치게 해야 한다.

고객 관리와 혁신층 관리

현재 자신과 거래하는 고객을 유지하고 관리하는 것은 중요하다. 현재 고객은 기본적인 이익을 가져다주기 때문이다. 고객이 등을 돌리는 것은 고객을 상대하는 사람에게 대부분 문제가 있기 때문이다. 당신이 잘하고 고객을 무시하지 않는 한 그들은 당신의 성공을 기원하는 좋은 파트너이며, 조언자가 될 것이다.

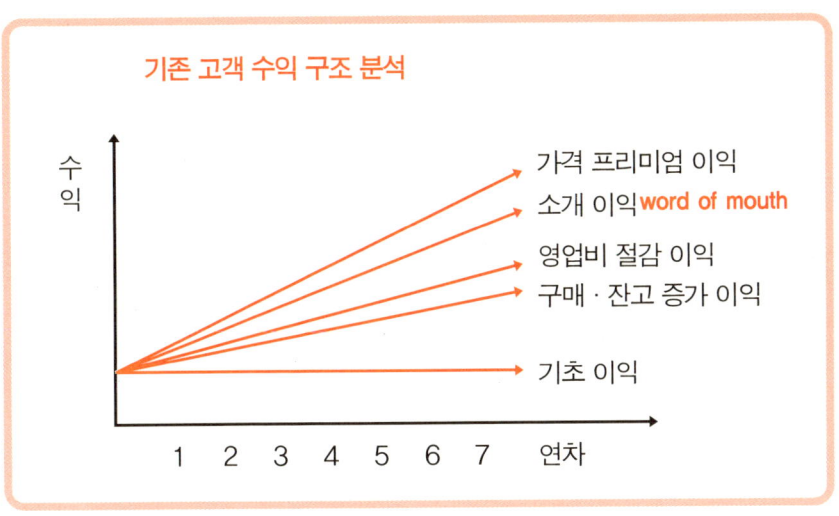

기존 고객 수익 구조 분석

수익

가격 프리미엄 이익
소개 이익 word of mouth
영업비 절감 이익
구매·잔고 증가 이익

기초 이익

1 2 3 4 5 6 7 연차

　기존 고객은 기초 이익뿐만 아니라 구매·잔고 증가 이익, 영업비 절감 이익, 소개 이익, 가격 프리미엄 이익을 가져다준다. 이중에서 영업비 절감 이익이란 기존 고객을 관리하기 위해 40%의 비용만을 소요한다는 것이다. 기존 고객은 보다 적은 비용으로 관리가 가능하므로 한결같은 마음으로 꾸준히 관리하면 기초 이익을 증대시키고 기반을 구축하는 데 도움이 된다.

　고객을 관리하는 데는 이탈리아의 경제학자 빌프레도 파레토 Vilfredo Pareto의 8:2 법칙을 흔히 활용한다. 이 법칙은 효율적인 고객 관리로 고객을 기여도별로 구분지어 관리할 필요성을 암시한다. 요약하면 다음과 같다.

- 매출액의 80%는 20%의 고객으로부터 얻는다.
- 이익의 80%는 20%의 고객으로부터 얻는다.
- 클레임의 80%는 20%의 고객에 의해 제기된다.
- 비용의 80%는 20%의 원인에 의해 발생한다.

『피터 드러커의 실천경영노트』, click&click −

위 법칙에 따르면, 고객 2명이 매출의 80%에 기여한다면 그 고객은 특별히 구분하여 관리해야 한다.

고객 10명 〈 2명 − 80% 매출   1인 40% 기여 ▶ 고객을 구분하여 관리하라
           8명 − 20% 매출   1인 2.5% 기여

필자도 교육을 의뢰받는 기관들이 20여 곳이 넘지만 부가가치가 높은 곳은 특별히 관리하고 있다. 20여 개의 기관을 나름대로 분류해서 관리하고 있지만, 결국은 모두가 필자와 상급 파트너가 될 수 있도록 지원하고 관계를 유지하는 것이 고객 관리를 하는 목적이다. 고객 관리란 자신만의 성공을 위한 것은 아니다. 필자는 수많은 강사들 중에 필자를 불러준 것 하나만으로도 충분히 감사하게 생각한다.

다음으로 필자가 하는 것은 그들을 최대한 지원해서 성공시키는

것이다. 이것이 바로 필자의 영업 방법이며 고객 관리 방법이다. 홀로서기를 하면서 일찍 깨우친 교훈이 있다면 '파트너의 성공이 나의 성공이다' 라는 것이다.

필자가 성의를 다하면 교육기관은 호의적이고 긍정적인 파트너십을 보여준다. 강사로서 길을 계속해서 가기 위해서는 부정적인 관계는 치명타가 될 수 있으므로, 상호 도움을 줄 수 있는 긍정적인 파트너십을 만들기 위해 최대한 노력한다.

어떤 사람들은 고객 관리에 실패해서 큰 낭패를 보거나 사람들에게 신용을 회복하지 못해 업계에서 사라졌다. 자신의 이익만 취하려고 급급하거나, 원칙과 규정 없는 행위를 한다면 직업 현장에서 결코 오래갈 수 없으며, 성공할 수도 없다. 당신에게 기회를 제공한 고객에게 늘 감사하며 그들의 성공을 위해 노력하길 바란다.

02
세일즈 전략

지금이 판매 경쟁 시대라는 것을 부인하는 사람은 없을 것이다. 말로는 판매 경쟁 시대이고, 판매가 회사의 꽃이고, 판매만이 살 길이라고 아우성을 치지만, 이런 경쟁 시대를 맞이해 사람들이 준비한 것들은 여전히 옛날 방식 그대로이다.

가장 우수한 사람은 여전히 기획실이란 곳에 있고, 영업부는 우수하지 못한 사람들로 배치되어 있는 경우가 많다. 혹 당신의 회사는 팔릴 것 같은 물건을 만들지 못해 놓고는 모든 책임을 판매하는 사람들에게만 떠넘겨 추궁하고 있지 않은가? 판매가 중요하고, 판매가 회사 경영의 관건이라면 모든 에너지를 판매에 집중해야 한다. 잘 생기고 열정이 넘치는 젊은 한 사람이 물건을 팔던 시대는 지났다. 판매 성과를 높이기 위해 할 수 있는 수단과 방법이 있다면 최우선으로 도입해야 한다. 이제 판매를 시스템화하고 전략적으로 계획해야만 지속적인 성장을 보장받을 수 있다.

개인이 하는 일도 같은 맥락이다. 홀로서기를 하는 사람들에게도 판매는 중요하다. 혼자서라도 상품을 기획하고, 기획한 상품을 검토하고, 그 상품을 들고 남을 설득하는 세일즈 활동을 해야 한다.

예전에 직장에서 잘 알고 지내던 사람이라도 당신이 홀로 무엇인가를 하려고 부탁하면 거절할 수도 있다. 예상치 못한 결과에 당신은 충격을 받을지도 모른다. 그러나 예전에는 각별한 관계였던 그가 홀로서기를 한 당신을 무시해서 내린 결론이 아니라는 것을 알아야 한다. 세상이 너무도 많이, 그것도 빠르게 변하고 있기 때문에 자연스럽게 나타나는 반응이다. 각별했다고 판매가 통하던 단순 판매 시대는 지났다. 이제는 복잡한 구매 구조를 가지고 있는 복합 판매 시대이다.

상품이 단순하든 복잡하든, 값이 싸든 비싸든 특별한 전략이 필요하다. 전략 수립에 결정적인 요소는 상품의 특성이나 가격이 아닌 구매 구조를 파악하고 문제를 제거하는 데 있다. 그 이유는 내부적으로 수많은 승인 과정이 있기 때문이다. 예전에 각별했던 사람들이 당신의 부탁을 거절하는 이유도 여기에 있다고 보면 된다. 최종 결정이 내려지도록 하기 위해서는 '여러 사람들'이 의견을 제시하고 승인해야만 최종 구매가 일어날 수 있는 복잡한 구조를 풀어내야만 한다.

홀로서기의 세일즈란 '무슨 수를 써서라도 사람들이 당신의 전문성이나 상품화에 열광하고, 당신을 그리워하고, 당신의 팬이 되어 당신을 떠나지 않고 근처에 있고 싶게 만드는 것'이다. 당신 곁에 고객을 머물게 하려면 당신은 자신의 일을 누구보다 더 많이 자세하고 깊이 있게 알아야 한다. 또한 고객을 분석하여 그들이 좋아하는 것을 충분히 숙지하고 있어야 한다. 고객의 취향과 기업 문화, 조직의 구조는 문제 제거를 위해 당신이 활용할 수 있는 것들이다.

당신이 승자가 되려면 고객 앞에서 절대로 같은 일을 하는 경쟁자를 헐뜯거나 허물을 드러내어서는 안 된다. 그러면 그들은 오히려 당신을 옹졸하게 생각할지도 모르기 때문이다.

당신의 유일한 목표는 당신의 전문성이 다른 어느 경쟁자보다도 뛰어나다는 것을 입증하는 것이지, 경쟁자를 험담하는 것은 아니다. 다만, 당신과 거래한 것이 현명한 판단이었다고 고객 스스로 알게 해야 한다.

세일즈 방법의 개선

지금까지의 세일즈 방법으로는 미래의 불확실성 속에 생존 자체를 위협받을 수 있다. 그러므로 기업이나 개인은 생존 방식 모두를 바꿔야 살아남을 수 있다. 당신을 오늘의 자리에 이르게 한 것이 무엇이든 그것만으로 그 자리를 지켜가기에는 불충분하다. 세상의 변화를 확인하고, 극복할 방안을 연구해서 실행으로 옮겨야 한다.

미래를 예견하지 못하면 방향 감각이
마비되는 위기가 올 수 있다

　미래에는 부족한 기능을 완전히 보강하고 또 다른 기능을 추가한 싸고 아름다운 디자인을 앞세운 제품들이 시장에 출시될 것이다. 경쟁자나 잠재 경쟁자의 부상으로 기업은 현재의 핵심 제품을 계속 유지하느냐, 아니면 포기하느냐 하는 갈등 속에 처해질 수도 있다.

　예를 들면, 많은 회사에서 MP3를 만들었다. 그 중 레인콤은 점유율 국내 58%, 해외 27%로 MP3 시장을 석권한 국내 유일의 벤처 기업이다. 그러나 그들은 기술 기반으로 업계 최고의 성능과 인기를 자랑하는 소니를 항상 경계할 수밖에 없었다. 소니는 MP3 시장을 평정하기 위해 2005년 5월 514MB 모델을 시중의 절반 가격으로 출시했다. 한국의 MP3를 만드는 회사들은 모두 큰 타격을 받았다. 그러나 진정한 적은 MP3를 만드는 소니가 아니라 모바일 통신 회사였다.

　후발 주자인 삼성 블루텍은 미래의 제품 향방을 예측하고 소리를 MP3가 아닌 다른 소리로 대체할 수 있는 상품을 연구했다. 그 결과 음향 전자 제품에서 국내 1위의 자리를 차지했다. 핵심 제품을 완전히 포기하고 전혀 다른 홈시어터 생산으로 회사의 방향을 설정함으로써 현재 위치에 서게 된 것이다. 만약 경쟁이 안 되는 MP3를 고집해서 판매 실적 부진에 대해 판매자들에게만 책임을 전가했다면 아마도 오늘의 블루텍으로 남아 있기 어려웠을 것이다.

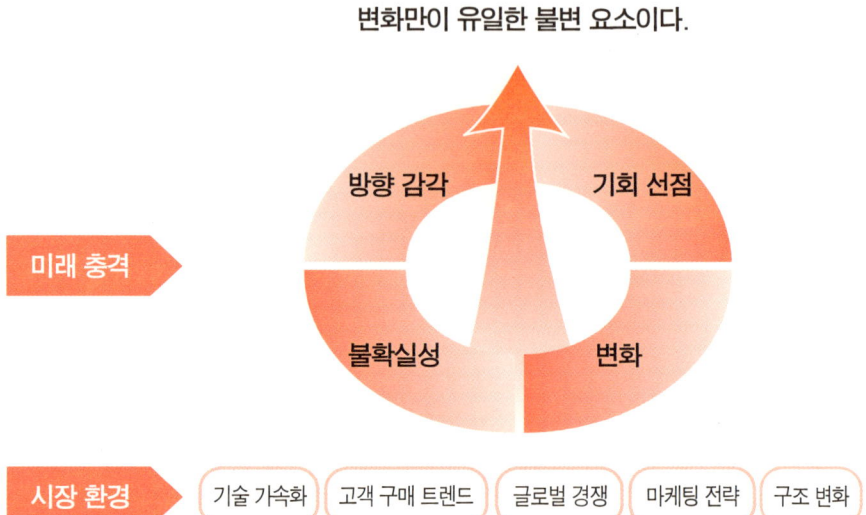

전제 ▶ 당신을 오늘의 자리에 이르게 한 것이 무엇이든 그것만으로 그 자리를 지켜가기에는 불충분하다.

변화만이 유일한 불변 요소이다.

방향 감각　기회 선점

미래 충격 ▶

불확실성　변화

시장 환경 ▶ 기술 가속화 ｜ 고객 구매 트렌드 ｜ 글로벌 경쟁 ｜ 마케팅 전략 ｜ 구조 변화

시장의 불확실성이 점점 커져 제품 개발이나 생산 방향을 예측하기 어려운 환경으로 변하고 있다

　날이 갈수록 제품의 라이프 사이클이 짧아지고 있다. 사계절조차 봄과 가을이 없어진 느낌이다. 춥다던 겨울이 따뜻한 기온을 유지하고, 봄이 오는가 싶더니 바로 여름으로 가버리는 기현상들이 반복되고 있다. 그 파장으로 계절 제품들은 얼마를 생산해야 할지 함부로 결정을 하기 어려운 환경으로 치닫고 있다.

뒤죽박죽 모든 것이 변화하는 세상이다

지금 세상은 사람이 해야 할 일을 컴퓨터 프로그램이나 기계, 로봇이 상당 부분 대신하고 있다. 남성들만 보였던 일자리에 여성 직원들이 영향력을 발휘하며 늘어나고 있는 현상이 벌어지고 있다. 오프라인off-line만으로 판매가 이루어지는 줄 알았던 고정관념이 멋지게 부서지고, 온라인on-line 환경은 급속도로 확산되어 상상을 초월하는 매출로 이어진다. 예전에 없었던 판매 회사들이 생겨나고, 홈쇼핑을 선호하는 고객이나 기업이 날로 증가하고 있다. 인력 감소가 급격하게 이루어지고, 물건이 넘치도록 생산되어 고객이 헷갈리는 세상을 기업이 만들고 있다.

기회를 선점할 수 있는 '상품화' 작업을 해야 한다

고객은 느리다. 현대는 고객이 정답이 될 수 없는 환경으로 변화하고 있다. 기업이 경쟁을 리드해야 한다. 기업은 경쟁을 리드하기 위해 시즈seeds형 마인드로 새로운 상품을 개발해서 고객이 따라올 수 있도록 '기회 선점 경쟁 요인을 찾아 상품화' 해야 한다. 기회 선점 경쟁은 기존의 상품 개념에서 완전히 벗어나 혁신적인 상품 가치를 제공해 시장을 선점하는 것이다. 기회 선점 경쟁 요인을 찾고 상품화하려면 몰입과 집중이 필요하다. 산업 전체와 상품 전체를 비교·분석해서 남들이 미처 생각하지 못하고, 만들어내지 못했던 가치를 만들어내야 한다.

하나의 사례를 들어 설명하겠다. 병원도 경쟁이 치열하다. 모두 국내에서 유명한 삼성의료원이나 아산병원과 같은 브랜드 밸류를 갖고 좋은 이미지를 유지하고 싶어 한다. 그러나 아무나 삼성의료원이나 아산병원처럼 될 수는 없다. 이들은 시간과 노력을 많이 투자하여 오늘날의 명성을 얻었다. 만약 삼성의료원 근처에 900개의 침대가 들어갈 수 있는 병원을 건설했다면 그 병원은 비전이 없을 것이다. 왜냐하면 시설은 좋을 수 있지만, 신생 병원으로서 의사의 진료 수준이나 기술 기반을 인정받지 못해 고객들이 기존의 삼성의료원으로 몰려갈 것이기 때문이다. 삼성의료원의 의사들을 신설 병원이 모두 스카웃해 간다 하더라도 그 병원이 삼성의료원이 될 수는 없다.

'신생 병원이 기회를 선점하기 위해 상품화해야 할 요인'은 무엇일까? 다시 말해, 신생 병원이 주변 병원들과 경쟁하기 위해 먼저 기회를 잡아야 하는 요인은 무엇이냐는 것이다.

기회 선점을 위해 약점을 강점화하려고 시간과 인력과 비용을 투자하는 것은 어리석은 판단이다. 대신 강점을 강화해야 한다. 병원 내에서 가장 돈을 많이 벌어들이는 핵심 사업을 더 강화하면 약점이 보강된다. 병원의 핵심 사업은 바로 장례식 사업이다. 신설 병원은 장례식 사업부를 더 특화하여 기회를 선점할 상품을 개발해야 한다.

고객을 관찰하면 기회 선점 경쟁 요인을 찾아낼 수 있다. 필자는 장례식 사용 전, 사용 중, 사용 후 이용객들의 모습을 관찰했다. 장례식장에서 밤을 새운 사람들은 아침 출근을 위해서 사우나 시설을 많이 이용했다. 그러나 조문객이 멀리 떨어진 곳으로 차를 타고 사우나를 갔다가 회사로 이동하는 것은 불편하다. 그렇다면 병원 안 장례식장 바로 옆에 사우나를 만들면 어떨까? 조문객들이 아침에 따로 이동하지 않고도 사우나를 하고 회사로 출근할 수 있으므로 편리함을 제공할 수 있을 것이다. '사우나', 그것이 신생 병원에서 기회 선점 경쟁 요인으로 삼아 상품화 작업을 시도해야 할 분야이다. 병원 안 사우나 시설을 사용해본 사람들이 그 편리함에 대해 입소문을 내면 병원은 기회 선점 경쟁 요인으로 성공할 수 있는 경쟁력을 갖출 수 있다.

필자의 강의를 듣고 실행으로 옮긴 대구의 파티마병원은 대구 내 명성있는 대학 병원을 앞지르고 장례식 사업에서 1위 자리를 차지했다. 기회 선점 경쟁의 상품화 전략이 성공한 것이다.

시장 환경 변화의 가속화

경쟁, 경쟁, 경쟁
변화, 변화, 변화
가치혁신, 가치혁신, 가치혁신
차별화, 차별화, 차별화

이런 말들은 너무 많이 들어서 식상할 지경이다. 그렇다고 방관

할 수 없는 것도 사실이다. 기업은 성장보다 우선 생존이 급하다는 생각을 한다. 조직에서는 서로에게 책임을 전가하면서 어려운 환경을 극복해보려 하지만 쉬운 것은 하나도 없다.

기술의 가속화는 생산의 자동화를 이루어 제품이 넘쳐나는 데 일조했다. 일반 사람들은 브랜드보다 가격존으로 구매 트렌드를 이동하였다. 경쟁 때문에 좋은 제품도 저렴한 가격으로 시판되고 있기 때문이다. 반면, 상위 소득자들은 가격을 소유한다는 개념으로 특별한 제품을 요구하거나 자신의 기호에 맞는 상품을 얻고자 혈안이 되기도 한다.

나라 간에 장벽이 없는 글로벌 경쟁은 세상 물건들이 모두 똑같아지는 현상을 만들어내었다. 브랜드 밸류가 강한 기업의 제품은 전 세계 아이, 어른 할 것 없이 하나씩은 가지고 있다. 마케팅 전략도 마케팅과 세일즈가 분류된 이전과는 확연히 달라져 세일즈 전략을 포함한 통합 콘셉트로 광범위하게 변화했다. 판매를 위해 제품을 들고 달리던 사람들 대부분은 퇴출되었거나 다른 일을 하고 있다.

세상은 아침이 밝아오면 또 다른 세상으로 성큼 변화하고 있다. 단, 하나 변하지 않는 사실은 지금도 모든 것이 변한다는 것이다.

판매 깔때기 역할

세일즈에서 항상 성과가 일정하게 잘 나오면 다행이지만 그렇지 못한 경우가 많다. 계절의 영향을 받거나 다른 변수에 의해 매출이나 수익이 감소되는 때도 많다. 일정 주기를 타고 매출이 오를 때와 내릴 때가 반복되는 것을 롤러코스트 현상이라고 한다. 이런 롤러코스트 현상의 원인과 깔때기 이론을 비교해보면 혜안을 얻을 수 있다.

먼저 롤러코스트 현상이 일어나는 원인을 찾아보도록 하자. 이는 잠재 고객 발굴을 소홀히 해서 생긴 결과이다. 기업이나 개인은 매출이나 이익이 높을 때는 낮을 때를 대비해서 영업력을 높여야 한다. 즉 잠재 고객을 열심히 발굴해서 저매출이 되지 않도록 준비해야 한다.

깔때기 이론은 고객의 정보를 깔때기에 넣어 놓으면 들어가는 순서대로 밑으로 떨어진다는 것이다. 여기에서 깔때기란 고객을 관리하는 리스트를 의미한다. 기업에서는 영업을 하는 하부 조직 인력들을 활용해서 잠재 고객을 발굴하고, 중간 관리자의 적정 여부를 심사하여 잠재 고객에게 제시할 거래 조건을 점검하고, 상위 관리자가 잠재 고객의 핵심 영향자들을 만나 계약을 마무리하는 단계로 영업의 프로세스를 설계해야 한다.

기업이나 개인이 혼자 영업하던 시대는 이미 지났다. 혼자 영업할 경우에는 자신의 능력 중 70% 정도가 활용될 뿐이며, 그 업종에서 단명될 가능성이 크다. 과거에 개인 역량을 중심으로 영업하던 것에서 이제는 팀의 역량을 개발하는 영업으로 이동해서 100~110%의 에너지를 발산해야 한다. 이런 영업 스타일이 기업 역량 경쟁으로 갈 경우 정보나 자료를 공유하고, 데이터베이스를 공동으로 활용하여 200%의 성과를 얻을 수 있으며, 고객을 오래 유지할 수 있다.

　기업에서는 가능한 한 기업 역량 경쟁의 조직으로 전환하고, 업무 과정도 단계별로 설계해서 효과를 극대화할 수 있는 선진 조직으로 거듭날 수 있도록 계획해야 한다. 단계별로 설계한 하부 조직원들은 제품을 소개하고 잠재 고객을 발굴하는 역할을 해야 하며, 중간 관리자들은 제품의 거래 조건이나 차별화된 부분들을 소개하고, 상위 직급자들은 계약 조건이나 관계 유지를 위한 업무 과정을 설계해야 효과적이다.

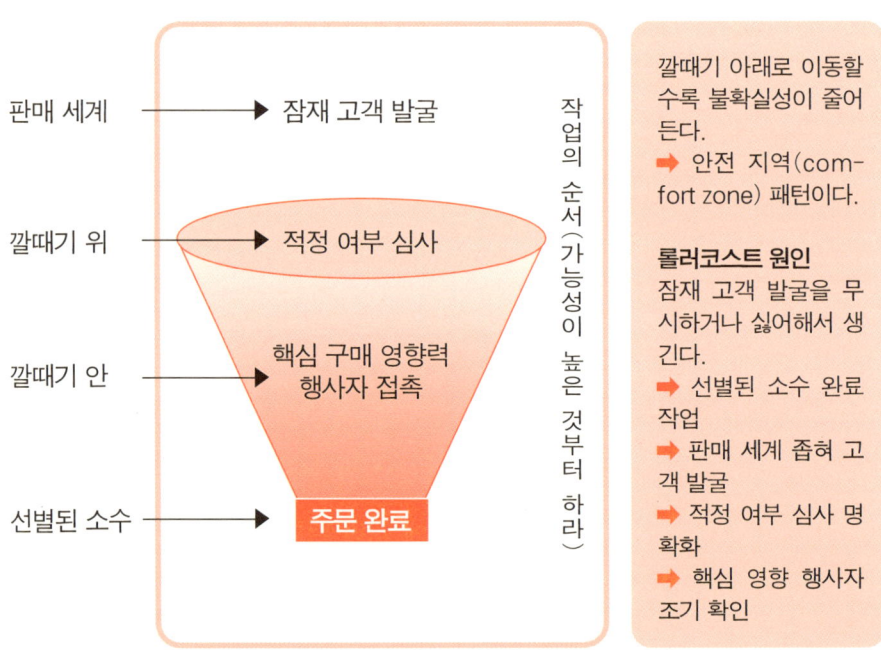

판매 세계 ──→ 잠재 고객 발굴

깔때기 위 ──→ 적정 여부 심사

깔때기 안 ──→ 핵심 구매 영향력 행사자 접촉

선별된 소수 ──→ 주문 완료

작업의 순서 (가능성이 높은 것부터 하라)

깔때기 아래로 이동할수록 불확실성이 줄어든다.
➡ 안전 지역(comfort zone) 패턴이다.

롤러코스트 원인
잠재 고객 발굴을 무시하거나 싫어해서 생긴다.
➡ 선별된 소수 완료 작업
➡ 판매 세계 좁혀 고객 발굴
➡ 적정 여부 심사 명확화
➡ 핵심 영향 행사자 조기 확인

필요한 업무의 난이도와 작업량의 비중(매출, 이익)에 따라 잠재 고객을 효율적으로 배분하도록 설계하라.

성과가 높은 주기 때 더 많은 잠재 고객을 발굴해서 깔때기 입구에 넣어두면 일정한 시간이 지나면 계약이 성사되는 결과로 이어진다. 기존 고객 유지 및 잠재 고객 발굴의 롤러코스트 현상은 성수기에 많은 고객을 발굴하여 비수기에 활용함으로써 일정한 성과로 전환하는 역할을 한다.

핵심 영향자들

지금은 복합 판매 시대이다. 조직의 구매 결정은 한 사람의 의견에 따르지 않고, 여러 사람의 동의를 얻어야 마무리된다. 복합 판매 시대는 복잡한 구조를 가지고 있는데, 이 구조를 파악하지 못하면 세일즈가 일어나지 않을 수 있다. 이 구조의 각 요소에 배치된 핵심 영향자들을 분석하고 그들의 특성을 알아보자.

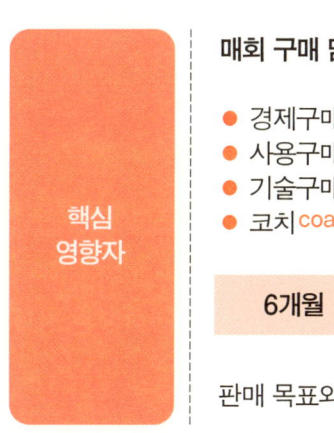

매회 구매 담당자 변화

- 경제구매 영향력 행사자
- 사용구매 영향력 행사자
- 기술구매 영향력 행사자
- 코치 coach

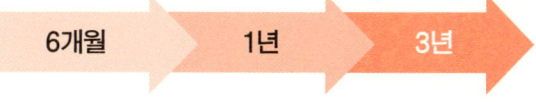

6개월   1년   3년

판매 목표와 관련된 사람을 매번 다시 찾아야 한다.

경제구매 영향력 행사자

최종 의사결정권자이며, 자금집행 의사결정권자로, 조직에 미치는 영향과 기대 이익, 투자 대비 효과에 가장 관심이 많은 사람들이다.

이들은 판매 규모가 클수록 조직의 높은 직위에 있다. 사업 환경이 불안정하거나 거래 경험이 약할수록 높은 직위에서 구매를 관리하고, 거래 경험이 풍부하면 아래 직위에서 구매를 결정하기도 한다. 또한 사용 경험이 긍정적이면 아래 직위에서 구매를 결정하며, 부정적이면 흔히 상위 직위에서 구매를 결정한다. 이들은 자신의 의견보다도 사용 부서의 의견을 중시하는 경향이 있다.

사용구매 영향력 행사자

주로 수행 업무에 미치는 영향에 초점을 맞추는 경향이 있으며, 한 명 또는 여러 명이 있을 수 있다. 이들은 개인 또는 부서 업무에 미치는 영향을 집중적으로 조사하므로 이들을 무시하고 계약을 성사시키는 것은 무척 위험한 일이 될 수 있다.

기술구매 영향력 행사자

후보 업체를 추려내는 과정에서 나올 수 있는 예상치 못한 문제를 미연에 방지하기 위해 엔지니어의 기술적인 측면을 검토하는 자들로 주로 거래 업체를 걸러내는 역할을 한다. 이들은 적합하거나 부적합함을 찾아 자신들의 입장을 대변한다. 또한 자신들의 영역에서 필요한 규격과의 일치 여부에 초점을 맞춘다.

기술구매 영향력 행사자의 힘을 과소평가하거나, 적격 심사 역할을 맡은 사람이 확연히 드러나지 않기 때문에 기술구매 영향력 행사자가 판매와 무관하다고 가정하는 것은 치명적일 수 있다. 사용 구매 영향력 행사자는 까다로울 수도 있고 그렇지 않을 수도 있지만, 기술구매 영향력 행사자는 확실히 까다롭다. 기술구매 영향력 행사자들의 반응은 매우 부정적이기 때문에 그런 역할자들이 여러 명 엉켜 있을 경우에는 판매 사원에게 실제적 큰 어려움을 안겨줄 수 있다. 그들은 고지식하기도 하고 규격과 원칙만을 고집하기도 한다. 당황하지 말고 기술적인 스펙을 가지고 논리적으로 질문에 답하는 정도로 응대하면 된다.

코치

코치의 역할은 성공적인 계약 체결을 위해 필요한 정보를 제공함으로써 '판매 상황에서 당신을 안내하는 것'이다. 코치는 거래처의 정보와 핵심 라인을 연결할 수 있으며, 계속적인 거래가 이루어질 수 있도록 지원하는 역할을 한다. 그러므로 당연히 판매자와 당신의 성공에 초점을 맞춘다. 코치는 거래처의 내부 또는 외부에 존재할 수 있으며, 영향력을 직접적으로 행사할 수 있는 지인으로 보면 된다.

복합 판매 시대의 세일즈 전략에는 위의 관계자들 모두를 만족시키지 않으면 세일즈가 일어나지 않을 수 있다. 내부 관계자들을 우선 파악해서 영향력 있는 행사자들을 확인하고 그들이 문제를 제기하는 것들과 관심 있는 부분들을 해결하지 않으면 단 한 장의 제안서도 제출할 의미가 없다.

기업뿐 아니라 홀로서기를 한 개인에게도 위 관계자들은 존재한다. 자신의 제안서나 스펙이 월등하다고 판단될지라도 관계자들 모두를 만족시킬 수 있도록 노력해야 한다.

지금은 판매 경쟁 시대이고, 세일즈 시대이다. 기업이나 개인이 세일즈에 성공하기 위해서는 첫째는 팔릴 수 있는 상품을 만들어내야 하며, 브랜드의 가치도 인식시켜 확고하게 기업 또는 자신을 '경험'할 수 있도록 해야 한다. 개인보다는 팀으로, 팀보다는 기업 역량 경쟁으로 더 큰 성과를 얻을 수 있도록 계획해야 한다.

전략적으로 세일즈 계획을 세워서 경제구매 영향자, 기술구매 영향자, 사용구매 영향자로 하여금 자신들이 선택한 의사결정이 탁월했다는 '신뢰'를 얻는 것이 바로 성공할 수 있는 길이다.

최근 마케팅 전략은 세일을 포함하고 있다. 그러므로 당신이 가치를 상품에 담아서 고객에게 전달한다면 고객이 다시 당신을 찾게 될 것이다. 홀로서기의 마케팅과 세일 전략를 위한 핵심 키워드는 부지런하게 고객을 방문하고 알리는 것뿐이다. 방문과 홍보를 게을리하거나 멈추는 날 당신은 다른 일을 찾아나서야 할지 모른다.

홀로서기를 선언했다면 남과 다른 당신의 가치를 담아서 한결같은 노력을 기울이기 바란다.

부족한 2%

5장

스킬 따라잡기

이 장에서는 강의 분야로 홀로서기를 할 사람들을 위해 특별히 필자의 경험담을 통해 알아보자. 새로운 일에 도전한다는 것이 쉽지는 않지만 못할 것도 없다. 두려움을 느끼는 것이 당연하지만 부족한 2%에 대한 것일 뿐이다. 부족한 2%의 문제는 절차, 조합, 규모 경영에 관한 것이지 결코 당신에게 없는 것이 부족하다는 뜻은 아니다. 이미 홀로서기를 한 경우 지금까지 경험한 분야이거나 타고난 능력 자산 중에 최고로 우수한 것을 선택하여 투자했기 때문에 모든 것을 조합하는 능력만 높이면 부족한 2%는 얼마든지 채울 수 있다.

절차상의 문제란 어떤 일의 시작부터 끝까지 모든 과정을 혼자하면서 생기는 것이다. 예전 경험이나 주변 지인을 통해 보충하면 충분히 해결할 수 있는 문제들인데도, 여러 사람이 나눠하던 것을 혼자 하면 못하게 될 수도 있다. 여기에서 절차란 주로 영업에서 주문에 이르기까지 조건의 합의에 이르는 과정이 포함되어 있다.

뭐니해도 홀로서기를 할 때 가장 어려운 것은 영업이다. 믿을 수 있는 브랜드도 없고 혼자이므로 고객에게 어떤 보장을 해주거나 신뢰를 주지 못하기 때문이다. 그래서 홀로서기를 할 때 첫 번째 영업의 문을 여는 것이 가장 중요하다. 에너지를 집중시켜서 그 첫 번째 문을 힘차게 열어야 한다.

조합의 문제란 산출물의 성과를 높이기 위해 필요한 여러 가지 자료, 정보, 기타 다양한 것을 하나로 모으는 데서 생기는 것이다. 당신은 모든 능력을 동원해 최고의 상품을 만들어내기 위해 집중해야 한다.

필자는 강의를 준비할 때 지식이 부족하면 많은 책에서 그 영역을 확대했다. 그리고 시사적인 문제, 화젯거리가 되는 자료들을 수집하여 전문가들의 조언을 구한 후 강의 교재로 만들어냈다. 주변을 조합해서 자신의 지식을 하나의 상품으로 만드는 상품화 작업을 한 것이다.

규모 경영의 문제란 당신이 가진 능력이 더 큰 프로젝트에 참여할 때 한계에 부딪히면서 생기는 것이다. 혼자 힘으로 할 수 없는 것은 주변의 인프라산업·경제·사회적 생산 기반를 활용해서 도움을 받을 수 있도록 부탁해야 한다. 산출물은 물 흐르듯 작성해야 하기 때문에 자료를 가공해서 필요한 정보로 만들어내는 작업도 해야 한다. 많은 영역의 전문 지식을 혼자서 공부한다는 것은 쉽지 않다. 그러므로 주변에 있는 산업별 또는 업종별 전문가들이 당신을 도울 수 있도록 인프라 네트워크를 만들어두어야 한다.

　당신이 건설 회사에서 강의를 의뢰받았다고 가정하자. 향후 건설 시장의 전망이나 매출 신장 전략에 대한 주제를 요청받았는데, 현재 당신의 지식으로는 건설 산업의 최근 동향이나 매출 신장 방법을 알기에 역부족할 수 있다. 인터넷이나 다른 서적을 뒤져 정보를 찾아내려면 시간이 걸릴 것이고, 기존에 책에 있는 내용들은 이미 오랜 자료이기 때문에 정보로 활용하기가 부적합할 것이다. 그렇다면 그 분야의 전문가를 찾아가서 식사라도 대접하면서 최근 건설 산업의 동향과 향후 건설 시장의 장애 요인, 정부 정책에 관한 문제 극복 방법, 매출 신장에 대한 방법들을 짧은 시간 안에 물어보는 것이 최신 정보를 제대로 알 수 있는 방법일 것이다. 여기에 더해서 나름대로 건설 시장에 대한 방향과 콘셉트를 설정하고 좀 더 구체적인 것들은 관련 잡지나 서적의 최신 용어를 찾아 넣으면 최종 상품으로 구성할 수 있다.

　위 설명처럼 강의 기술을 갖추기 위해 따라잡아야 하는 2%의 부족함을 크게 정보 수집, 인프라 활용 및 전문가의 도움, 조합의 기술이라는 세 가지로 구분 지을 수 있다. 모두 당신도 할 수 있는 것이다. 그러나 프로젝트가 진행되면 필요한 시점에 모든 것들이 정확하게 지원될 수 있도록 진행상의 문제들을 잘 점검해야 한다.

01
강사의 자질

　필자는 강사가 되기에는 너무도 많은 것이 부족했다. 학부 전공은 기계공학이지만 일은 전공과 다른 것이 하고 싶었다. 일반 사람들처럼 대학을 진학할 때는 기계공학과를 졸업하면 취업이 잘 될 것이란 생각에 적성은 전혀 고려하지 못했다. 세월이 지나 강의 분야에서 홀로서기를 할 때 기계공학을 공부한 것이 아무런 도움이 되지 않는다는 것을 깨달았다. 그래서 이런 생각을 했다.

　'강의는 내가 신명나게 할 수 있는 가장 좋아하는 분야를 선택하자. 나를 만난 사람이나 기업들이 돈을 벌고 성공할 수 있도록 그들을 지원하자.'

여러 강의 분야 중에서 경영학 경영 전략, 마케팅을 선택하고, 필자의 강의를 듣는 사람들이 돈을 벌고 성공할 수 있도록 컨설팅을 접목하기로 했다. 지금은 경영 전략과 혁신, 마케팅 분야에서는 컨설팅 강의로 인정받는 강사가 되었다고 자부한다.

강사의 역할과 정체성

2006년 UN사무총장에 임명된 대한민국 외교통상부의 반기문 장관은 충북 음성군이 고향인 시골 출신이지만, 고등학교 3학년 때 미적십자사의 초청으로 백악관에서 존. F 케네디를 만난 뒤 외교관이 되겠다고 결심했다. 그 후로 그의 삶은 외교관이 되는 것에 초점이 맞추어졌고, 결국 그 꿈을 이루었다.

반기문 총장이 백악관에서 존. F 케네디를 만난 후 외교관이 되는 꿈을 갖게 된 것처럼 강사는 자신을 만나는 사람들과 기업에 꿈을 심어주어야 한다. 그리고 그 꿈을 실행으로 옮겨 더 발전하고 성공할 수 있도록 기여해야 한다.

강사의 정체성은 왜 강사의 길을 가야 하는지에 관한 필연성을 말해준다.

내가 고객에게 제공할 수 있는 가치는 무엇인가?
내가 아니면 제공하지 못하는 가치는 무엇인가?

강사가 되기 전 필자는 내가 줄 수 있는 가치가 무엇인가를 많이 고민했다. 당시 필자가 가진 실력으로는 고객에게 줄 수 있는 가치가 너무 보잘 것 없었다. 그래서 우선 필자의 가치를 높여야겠다고 생각했다. 그 생각은 저녁으로 포장마차를 하면서도 대학원에 진학해서 경영학을 전공하기로 결심하는 계기가 되었다.

필자는 내가 아니면 제공하지 못하는 가치는 무엇인가에 대해 연구한 결과 강의라는 분야가 남들과 나를 차별화시켜줄 수 있다는 것을 발견했다. 유럽경영대학원의 전략 및 국제 경영학을 담당하고 계신 한국인 김위찬 교수의 차별화가 '블루오션' 이라면 필자의 차별화는 '기회 선점 경쟁' 이다. '기회 선점 경쟁 요소를 찾아 상품화하는 연구' 는 이제 필자의 트레이드마크가 되었다.

어떤 분야에서 홀로서기를 하더라도 자신만이 제공할 수 있는 가치를 분명하게 인식하고 만들어야 더 좋은 성과를 창출하는 기회도 만들어진다.

단순히 시간당 높은 보수를 받는 것만으로 뛰어난 강사라 착각하지 말기를 바란다. 교육생과 기업에 변화를 일으키며, 성과에 긍정적인 영향을 미치고, 강의 내용을 실행하도록 동기를 부여하는 강사가 누구나 인정하는 실력 있는 강사이다.

교육인적자원부
교육생
이상칠 씨의 글

　　안녕하십니까? 이번에 부산 교육연수원에서 교육받은 연수생 이상칠입니다.

　　연수원에서 선생님께 교육받은 내용은 아직도 잊을 수가 없습니다. 그래서 그 내용을 모두 정리해놓았습니다. 학교에 근무하면서 많은 교육을 받아보았지만, 진정한 프로에게서 볼 수 있는 열정과 알찬 강의 내용을 처음 경험해보았습니다.

　　정말 감사하다는 말씀을 드립니다. 앞으로 직장 생활을 어떻게 해야 할지, 어떻게 이 험난한 세상을 살아야 할지 방향을 제시해주셨으니 선생님께서 제 인생의 나침반이 되어주신 것 같습니다. 앞으로 어려운 문제에 부딪히면 친형님처럼 생각하고 상담받고 싶다는 생각이 주저 없이 들었습니다.

　　말주변이 없어서 두서없이 적어보았지만, 거듭 감사드립니다. 인생을 살아가면서 많은 힘이 될 수 있도록 선생님의 강의 내용을 오래도록 간직하겠습니다.

교육생 이상칠 드림

세무공무원
한명로 씨의 글

이번 교육이 30여 년의 공직 생활 중 가장 보람 있는 것이 아니었나 생각합니다. 많은 것을 배우고, 자신을 돌아볼 수 있는 값진 시간이었습니다. 여러 교수님들에게 강의를 받다보니 시간이 지나면 강의 내용은 물론 교수님들의 이름조차 잊어버리는 일이 많았습니다. 그런데 교수님의 강의 내용과 열정만은 지금까지도 잊을 수가 없네요. 또 만날 날이 있겠지만 끝까지 잊지 않고 기억하겠습니다. 그리고 제가 하버드 대학교에서 수학하면서 적은 강의 노트는 찾는 대로 교수님께 전해드리겠습니다. 건강하십시오.

한명로 드림

02

자신감

　여러 사람이 해도 힘이 들 것이라고 느꼈던 일들을 혼자서 처음부터 끝까지 해야 할 때 처음으로 부딪치는 것은 자신감이다. 더구나 직업 현장에서 이제 막 홀로서기를 한 경우라면 자신감이 바닥날지도 모르겠다. 그러나 이미 경험한 일을 하는 것이라면 자신감을 회복하는 것은 생각 외로 쉬울 수도 있다. 자신감은 반복 연습을 통해서도 키울 수 있다.

　직접 겪은 것을 이야기할 때 자신감이 충만했던 경험이 누구에게나 한번쯤은 있을 것이다. 게다가 충분한 정보까지 알고 있다면 그것은 새로운 경쟁력이 되고, 판세를 바꾸는 기회가 된다.

　남들 앞에 서서 지식을 전달한다는 것이 얼마나 어렵고 힘든지 필자는 잘 안다. 기업에 출강할 때는 그런 기분이 더욱 많이 느껴진다는 것도 잘 안다. 기업의 교육생들은 종사하는 산업 분야에서 모두 그들을 교육하는 강사보다 더 전문가일 수 있다. 그런 교육생들을 상대로 지식을 운운하는 것은 마치 살얼음판을 걷는 것과 같은 기분이 들기도 한다.

그러므로 어떠한 상황에서도 자신감을 잃지 않기 위해서는 철저하게 강의를 준비하는 수밖에 없다. 강의를 철저하게 준비하려면 먼저 강의 의뢰서를 잘 살펴보아야 한다.

강의를 준비하기 전에 해야 할 일

첫째, 교육을 의뢰한 회사에 대한 정보를 파악해야 한다.

회사 이름과 업종을 알아야 하고, 시장에서의 경쟁 순위와 경쟁사와의 관계도 파악하는 것이 좋다. 경영 전략이나 마케팅 전략 등을 분석하고, 동종 업계에서 성공한 기업의 원인을 찾고, 강의를 의뢰한 회사의 문제점을 찾아 성공할 수 있는 기회 선점 요소를 제공할 수 있도록 준비하면 좋은 강의를 할 수 있을 것이다.

둘째, 교육생에 대한 정보를 수집해야 한다.

교육생의 직급이나 회사 근무 기간, 수행하는 업무 등을 파악해서 강의 내용과 사례 등을 가능한 한 그들이 하는 일과 연관 지어 준비하는 것이 좋다. 교육 내용이 자신들과 연관성이 없을 때 교육생들은 강의 내내 딴 생각을 하거나 졸기도 한다. 물론 교수 평가 결과도 엉망이 될 수 있다.

셋째, 강의 의뢰 목적을 만족시켜야 한다.

한번은 H전지회사에서 필자에게 강의를 의뢰해왔다. 배터리 판매 활성화를 위해 영업사원 교육 과정 중에 특별히 강의를 의뢰한 것이다. 이런 회사는 일반적으로 강의하는 교재로는 만족시킬 수 없다. 고민 끝에 캠코더를 들고 배터리를 취급하는 자동차 수리 점포를 10여 곳 돌아다니며 사장이나 공장장과 인터뷰한 자료를 교육장에 활용하는 강의 기법을 선택했다.

볼거리를 제공하는 동영상은 재미와 유익을 더해준다.

당일 교육생들은 자신들이 거래하고 있는 사장, 공장장이 영상으로 나와서 실제 느낀 점들을 솔직하게 전해주는 인터뷰 자료야말로 강의 목적에 부합했다고 말했다. 그날 강의는 매출 신장을 달성할 수 있도록 교육생들에게 스스로 솔선수범하여 고객사들을 위해 적극적으로 영업할 수 있는 동기를 부여했다.

고객의 원츠에 옷을 입혀라

강의를 의뢰한 회사에 뭔가 기발하고 창의적인 것을 전해주지 못할 것이라 생각되는 교재를 만들어 강단에 설 때면 몹시 초조하고,

자신감을 많이 잃었던 기억이 난다. 물론 오래 전 이야기이긴 하지만 당시는 내 자신이 늘 부족한 것 같아 만족하지 못했다.

필자는 가능한 한 한 분야의 강의를 고집했다. 그래서 필자가 공부한 경영 전략과 마케팅 분야에 집중해서 강의했다. 물론 대학원에서는 인사 조직에 관한 부분, 리더십에 관한 부분, 품질 경영에 관한 부분도 공부했지만, 오직 하나의 브랜드에 집중하기 위해서 경영 전략과 마케팅 분야로만 강의를 한정했다. 그랬더니 자연히 깊이가 더해지면서 새로운 것을 만들어낼 수 있는 능력이 생겨났다. 그래서 요즘은 대부분 스스로 만든 툴과 프레임워크를 강의에 사용하고, 많은 원칙과 규정을 만들어내었다. 이론면에서는 경영 혁신과 기회 선점 경쟁의 주창자로서 컨설팅 강의의 대한민국 대표 브랜드가 되었다.

고객의 강의 의뢰에 새롭고 멋진 성과로 이어지는 아이디어를 제공하라

필자는 강의를 강의로만 끝내지 않았다. 강의를 의뢰한 곳의 문제를 해결하는 방법을 제시해주어야만 강사로서 역할을 다한다고 생각했다. 영화관 관계자들에게는 매출 증대 성과를 얻으려면 베이비 시팅 룸baby sitting room을 설치해야 한다고 주장했다. 기업 회장들에게는 영업부의 이름을 전략실행팀으로 바꾸라고도 했다.

한번은 의류 브랜드 회사에서 매출 신장을 위한 강의를 의뢰받은 적이 있다. 필자는 서울, 경기 지역을 중심으로 150여 개의 관련 점포를 직접 방문하여 매장 사용 전, 사용 중, 사용 후 사람들의 반응을 관찰하고 결과를 도출했다. 의류 브랜드 매장에서는 직원들을 부를 때 '야, 자, 미스 김, 점원, 매니저' 등이라고 했다.

어느 날 미스 김이 친구들을 만났다고 하자.

"애, 너 요즘 뭐하니?"

"응, 요 앞에 ○○브랜드 매장에서 점원으로 일해."

이런 점원에게는 130만 원, 150만 원 주는 월급도 아깝다. 필자가 생각하기에 그 점원은 밥값도 못하고 있다. 자신을 나타내는 명칭에서부터 일에 대한 만족도가 떨어지고 있기 때문이다.

매장은 일하는 분위기가 살아 있어야 한다. 150만 원 주는 점원에게 월급 봉투가 열려서 500만 원씩 받아갈 수 있는 활기찬 매장이 되어야 한다. 급여 창고의 뚜껑이 열리려면 많이 벌어야 한다. 문을 열고 고객을 마냥 기다리지 말고, 매출을 올리는 다른 방법을 찾아야 하며, 매장 오픈 준비를 사장이 직접 해야 한다. 어려운 시기에는 사람들이 옷을 구매하는 데 인색해지기 때문에 직원들은 사람들이 매장을 방문하도록 사전에 공격적인 영업을 해야 한다. 불러들인 고객에게 물건을 판 직원에게는 인센티브를 지급하고, 스스로 그 일을 계속적으로 할 수 있도록 고객 관리를 맡겨야 한다. 그러면 물건을 구매한 사람과 커뮤니케이션도 지속할 수 있다. 특히 점원이라는 명칭을 코디네이터로 바꾸는 것이 중요하다.

매장 점원을 코디네이터란 명칭으로 바꾸라

점원의 눈에는 고객이 입은 옷의 브랜드와 가격만 보인다. 그러나 '코디네이터'의 눈에는 고객의 취향을 파악해 토털 솔루션을 제공할 수 있는 판매 전략이 보인다. 코디를 한다는 것은 고객의 체형에 맞춰서 전체적으로 겉옷과 속옷을 권하고, 장식품까지 소개할 수 있는 놀라운 능력이 있다는 것이다.

점원이란 명칭에서 코디네이터로 바뀌는 순간 그것이 가능해진다. 그러면 자신에게 부여된 명칭에 맞게 코디네이션coordination에 관한 공부를 할 것이며, 사물을 보는 눈이 달라질 것이다.

경영자는 코디네이터가 재구매를 성사시키면 당연히 더 많은 인센티브를 제공해야 한다. 한 번 다녀간 고객의 정보를 코디네이터가 관리하여 계절에 따라 앞선 서비스를 제안함으로써 고객 만족과 감동을 불러일으키면 매장의 또 다른 매출과 직결될 것이다. 고객 정보를 직접 관리하는 코디네이터에게 경영자는 사업의 중요한 파트너란 인식을 가지게 될 것이고, 직원은 자신감 없던 점원에서 코디네이터라는 전문가로 변신함으로써 평생 행복한 네이밍을 자랑으로 여기며 생활하게 될 것이다.

경험한 사례가 최상의 무기임을 명심하라

　금방 공부한 내용을 옆 사람에게 전달하라고 해보면 제대로 하는 사람은 의외로 많지 않다. 그러나 어제 있었던 축구 경기에서 맨체스터 유나이티드의 박지성 선수가 골을 넣은 장면에 대해 이야기하라고 하면 그 광경을 본 사람들은 신나게 해설하면서 마치 자신이 박지성 선수인 양 행동까지 곁들이면서 실제처럼 전달할 것이다.

　강의를 할 때도 자신이 경험한 것을 관련이 있는 대목에 활용하면 현장감 넘치는 좋은 내용이 될 수 있다. 자신이 직접 참여했거나 이야기 들었던 좋은 사례, 또는 TV나 언론에 공개된 자료들은 강의에 자신감을 제공한다.

03
표현력

그림을 그리는 사람은 화폭에 생각을 담아 표현하고, 건축 설계사들은 자신의 의중을 도면에 옮겨 놓는다. 강의를 하는 사람도 자신이 전달할 내용을 청중이 보기 쉽고, 이해하기 편하며, 전달하기 쉽도록 파워포인트로 만든 자료 등을 활용한다.

다음은 협상력을 기르기 위한 강의에서 필자가 파워포인트로 만든 자료이다. 이런 소재를 찾아내는 이유는 교육생 모두에게 한번쯤은 경험이 있음직하고, 따라서 서로가 교감할 수 있는 커뮤니케이션이 형성되기 때문이다. 또 경험 사례를 응용하면 원리를 더 쉽게 전달할 수 있기 때문이기도 하다.

아이들의 협상력 분석

마지막에 승부한다
- 머피의 법칙을 활용한다.

적당한 금액으로 흥정한다
- 부담감 없는 제안을 한다.
- 어머니 주머니 사정을 읽고 있다(아버지의 월급날을 찬스로 활용한다).

타당성 있는 근거를 설명한다
- 오래 전부터 연구한다(사전에 각본을 준비하여 연습한다).
- 어머니를 설득할 최적의 대안을 제시한다.

선생님이라는 파워를 활용한다
- 어머니의 약점(선생님이나 학교에서 말하는 것은 거의 무조건적으로 동의한다)을 교묘하게 이용한다.
- 선생님이 자신보다 힘이 있다는 점을 앞세운다.

　　위 자료로 필자의 어린 시절 협상력을 간략하게 설명해보겠다. 필자가 초등학교를 다닐 때 일이다. 필자는 친구들이 가지고 놀던 물총이 무척이나 갖고 싶었다. 여러 날 동안 밤새 이불 속에서 어머니를 상대로 한판 대결을 어떻게 벌일까 궁리하기 시작했다.

마지막 시간에 승부를 던져라

　　필자는 등교 시간이 되자 입고 있던 바지를 벗고 다른 바지로 갈아입고, 신었던 양말을 다른 것으로 갈아신고, 책가방도 다시 싸기를 여러 차례 반복했다. 타이밍을 맞추기 위해 나름대로 시간을 끌었던 것이다. 집에서 달리면 학교까지는 5분 거리인데, 학교에서는 9시가 넘어서 등교하면 지각으로 처리하였다.

필자는 산수 문제집을 사기로 결정하고 8시 55분에 문 앞에 서서 어머니와 눈도 마주치지 않은 채 오른손을 벌리고 한마디 던졌다.

"어머니, 돈 주세요. 선생님이 산수 문제집 사오래요."

9시가 되면 학교에서 지각생을 붙들어 혼내는 것을 어머니가 알고 계신다는 것을 이용하여 어머니에게 생각할 시간을 주지 않으려는 작전이었다. 머피Murphy의 법칙이란 시간이 갈수록 어느 한 쪽에게는 유리하고 상대 쪽에는 상황이 불리해지는 것이다. 그때 이미 머피의 법칙을 알고 있었던 것은 아니지만, 필자는 내게는 유리하고 어머니에게는 불리한 상황을 의도적으로 만들었다. 어머니의 빠른 결정을 얻어내려고 막판에 승부수를 던진 것이다.

적당한 금액으로 흥정하라

필자는 어머니에게 돈을 요구했을 때 주머니 사정까지 훤히 알고 있었다. 아버지가 급여를 받은 날부터 계산해서 10일 안에 작전을 폈으니 말이다. 요구 금액은 어머니가 관리하시는 예산에 큰 지장이 없는 적당한 한도에 있었다. 필자는 그 10일이 지나면 어머니 주머니에도 돈이 없어진다는 사실을 알고 있었기에 그때는 판도가 달라질 수 있을 것이라는 판단을 미리 하고 있었다.

필자가 연출한 상황이 벌어진다면 대부분 어머니는 몇 푼 안 되는 돈을 얼른 주어 보내는 것이 자녀가 지각해서 혼나는 것보다 낫다고 판단할 것이다.

타당성 있는 근거를 논리적으로 설명하라

필자가 물총을 사겠다고 했다면 어머니는 아마 한 푼도 주지 않으셨을 것이었다. 그래서 필자는 산수 문제집을 사야 한다고 말씀드리기로 했다. 물론, 그 결론은 밤새 연구한 결과이지 순간적으로 결정한 것이 아니다. 점수가 낮은 산수 과목의 문제집을 사서 산수 성적을 올리겠다고 하면 어머니가 좋아할 뿐 아니라 설득에 성공할 확률이 높다고 생각했다. 어머니가 좋아하는 아이템을 선택해야만 돈이 쉽게 나온다는 것 또한 숙고한 결과였다.

선생님이라는 파워를 활용하라

필자는 어머니가 선생님을 많이 의식한다는 사실을 알고 있었다. 그래서 선생님이 문제집을 사오라 했다고 핑계를 달았다.

"문제집 안 사오면 선생님이 어머니를 학교에 모시고 오라고 했어요."

나보다 힘이 막강한 선생님을 성공 확률을 높이는 데 사용한 것이다.

이런 경험은 누구에게나 한번쯤 있을 것이라고 생각한다. 어렸을 적 경험을 이렇게 협상이라는 주제에 접목하여 교육 자료로 만들면 표현하는 사람과 듣는 사람 모두에게 공감대가 형성되어 강의 내용이 잘 전달된다. 이렇게 자신이 경험한 사례를 재미나게 엮어서 활용하면 표현력도 좋아지고 교육 효과도 커진다.

연기자처럼 연출하라

강사는 교육생과 함께 호흡해야 한다. 교육생이 힘들어하면 강의를 중단하고 쉬어갈 수 있어야 하며, 교육생들이 진지하게 몰입하고 있을 때는 시간이 되었다고 그 분위기를 끊어버려서는 안 된다.

시작부터 끝나는 시간까지 한 자리에 서서 강의하면 변화 없는 강의에 교육생은 금방 지루하게 반응할 것이다. 표정 관리와 목소리 톤을 연극 배우들처럼 할 수 있다면 교육생들은 소극장 안 관객들처럼 강의에 매료되어 손에 땀을 쥐며 시간 가는 줄 모르고 귀를 기울일 것이다.

당신 스스로 진지하게 자신의 강의에 몰입할 수 있어야 한다. 이것은 충분히 훈련하면 가능하다.

강사는 강단 위에서 자신의 걸작을 몰입하여 공연하는 연기자와 같다. 위대한 걸작에 관객은 최고의 카타르시스를 느낄 것이다.

음성

프레젠테이션 강의는 세 가지 요소로 이루어진다. 첫 번째는 파워포인트로 제작한 자료, 두 번째는 발표력 즉 전달력, 세 번째는 음성이다. 아무리 파워포인트로 자료를 잘 만들고, 발표력이 좋다고 해도 그날따라 감기에 걸려서 전달하는 말이 명확하지 않다면 강의를 망칠 수 있다. 강사는 1년 365일 건강해야 한다. 감기에 걸리거나 목이 아파서도 안 된다.

모 기관에서 외부인들을 초청해서 마케팅과 품질 향상에 대한 강의를 한다고 해서 학생들과 함께 청강생으로 참석한 적이 있다. 세 곳에서 각기 다른 과목을 강의하는데, 필자는 마케팅에 관심이 있어서 3강의장에 입실해서 듣기로 했다.

수준 있어 보이는 자료를 파워포인트로 만들어 큰 화면에 띄워두고 있어서 기대가 컸다. 하지만 발표자로 나선 강사의 목소리는 듣기에 거북할 정도로 찢어지는 소리였다. 10분 정도 듣다가 도저히 못 참고 밖으로 나오고 말았는데, 3강의장에 들어갔던 우리 학생들은 이미 나와 있었다. 하나같이 목소리를 듣기가 거북해서 나왔다고 했다. 이 경우처럼 음성은 강의하는 데 매우 중요하다.

음성을 관리하라

노래하는 가수에게 목소리가 중요하듯, 강의를 하는 강사에게도 목소리는 중요하다. 두 직업은 무엇인가를 목소리로 전달한다는 공통점이 있다. 하루 8시간 정도 강의하는 날에는 목소리가 혼탁해지기 마련이다. 약주라도 한잔하면 다음 날은 형편없는 목소리가 된다. 그러면 말하는 사람이나 듣는 사람 모두 괴로울 수밖에 없다.

필자는 강의장으로 이동하면서 좋아하는 노래 테이프를 틀어놓고 따라 부르면서 목소리를 가다듬는 연습을 한다. 장시간 강의한 날에는 집에 도착하자마자 가능한 한 따뜻하게 목을 감싸주고, 따뜻한 차로 목을 다스린다. 이렇게 관리하지 않으면 다음 날 목소리가 회복되지 않는 경우도 있기 때문이다.

이처럼 강사들은 자신에게 맞는 관리법을 개발하여 항상 목소리를 관리하는 데 관심을 가져야 한다.

말하는 속도를 조절하라

강사도 연기자처럼 연출을 하기 위해 가끔은 말을 빨리 할 경우가 있다. 교육생들의 관심과 집중을 한층 끌어올릴 수 있는 중요한 대목에서는 평소보다 힘 있고 강한 어조로 빠르게 말한다.

말을 평소보다 느리게 해야 하는 대목은 교육생들이 모두 같은 분위기로 빠져들어 가야 하는 곳이다. 감정을 많이 실어야 하거나 가물가물한 기억을 되새겨 이야기할 때는 신중한 표정과 함께 말하는 속도를 늦추는 것이 좋다.

처음부터 끝까지 아이들이 국어책 읽듯이 강의를 한다면 교육생들은 모두 깊은 잠에 빠질 것이다. 자신 있는 부분에서는 속도를 앞당겨서 힘 있게 말해야 한다. 강의 곳곳에 이런 부분을 잘 배치해서 주기적으로 힘을 실으면 생기 있는 강의를 할 수 있다.

사전 계획 없이 중요한 부분을 앞에 배치하면 강의를 시작할 때는 사람들이 몰입하지만, 시간이 가면서 별 특별한 내용이 없으므로 관심도가 낮아질 수 있다. 그러면 강사로서 좋은 평을 받지 못할 수 있다. 그러므로 강의의 전체 흐름을 파악하여 자신 있거나 재미 있는 부분을 중간중간에 적절하게 배치해 두는 지혜가 필요하다.

사투리도 경쟁력이다

전국 사투리를 다 사용할 수 있는 강사가 몇 명이나 될까? 지방 교육 때 그 지역 사투리를 사용하면 어설픈 사투리 실력에 서로가 마음 문을 여는 계기가 쉽게 만들어진다. 서울 사람인 필자가 경상도에서 강의할 때 비록 정확하지는 않더라도 그곳 사투리를 가끔 섞어가며 말하면 듣는 경상도 사람들은 어설픈 사투리에 재미있어 했다.

필자는 회사 생활을 할 때는 영업 성과를 높이기 위해 지방 사투리를 일부러 배우러 다니기도 했다. 덕분에 전국 어디를 가더라도 그 지역 사투리를 가끔씩 넣어 강의하며 두고두고 유용하게 활용하고 있다. 메모장에 경상도, 충청도, 전라도 말로 된 유머나 퀴즈를 적어 다니면서 활용하면 사투리를 좀 더 쉽게 익힐 수 있다.

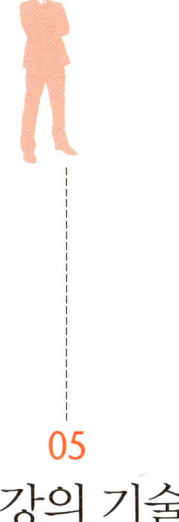

05
강의 기술

필자가 강의하는 사람이 되겠다고 결심한 이후 가장 어렵게 생각했던 부분이 강의 기술이다. 말만 잘한다고 강의를 잘할 수 있는 것도 아니고, 말을 못한다고 강의를 못하는 것도 아니다. 전달해야 하는 내용을 어떤 방식으로 효과적으로 전달하느냐가 중요하다.

강의는 명쾌한clear 강의, 훌륭한good 강의, 감명 깊고 인상적인 impressive 강의로 구분할 수 있다.

명쾌한 강의 기술

군더더기 내용이 없고 전달하고자 하는 핵심 부분을 간단명료하게 집중하여 진행하는 강의이다. 강의가 주제에서 많이 벗어날수록 결과는 좋지 않다. 강의 내용을 구성하는 파워포인트로 만든 자료도 가능한 한 텍스트 형식보다는 도해, 사진, 차트 등을 이용하여 내용이 간단하게 전달될 수 있도록 제작하는 것이 좋다.

훌륭한 강의 기술

훌륭한 강의는 강사의 기술로 판가름 난다. 많은 지식이 있다고 강의를 잘하는 것은 아니다. 지식은 부족하더라도 어떻게 전달하느냐에 따라 청중의 반응은 달라질 수 있다.

똑같은 내용의 강의안을 가지고 A, B 두 강사가 각각 200여 명의 청중에게 강의하게 한 후 강의 소감을 설문지로 조사한 적이 있다. 그런데 A강사는 '매우 훌륭한 강의'라고 응답한 사람이 70%가 넘었으나, B강사는 20%에도 미치지 못하였다. 두 사람의 강의를 비교하기에는 몇 가지 문제점이 있기는 하나, 강의 기술의 위력을 엿볼 수 있는 결과이다.

이와 같이 전달 방법 강의 기술은 강의 효과에 큰 영향을 미친다. 이를 도표화해보면 다음과 같다.

강의 내용	×	강의 기술(전달 효과)	= 강의 효과
100%	×	50%	= 50점
80%	×	90%	= 72점

위 표를 보면, 강의 내용이 좋아도 강의 기술이 약한 경우와 강의 내용이 약하더라도 강의 기술이 좋은 경우가 있다. 결과는 강의 내용이 부족하더라도 강의 기술이 우수하면 강의 효과가 높게 나타났다.

또 다른 예이다. 아래 표는 반대로 강의 기술이 부족하더라도 강의 내용이 충실하면 강의 효과가 클 수 있음을 보여준다.

강의 내용	×	강의 기술(전달 효과)	= 강의 효과
100%	×	60%	= 60점
80%	×	70%	= 56점

따라서 강의 내용에 자신 있는 사람은 강의 기술을 더 높이고, 강의 기술에 자신이 붙으면 강의 내용을 더욱 충실히 하여 전체적으로 강의의 질을 높일 수 있는 자신만의 노하우를 만들어야 할 것이다.

감명 깊고 인상적인 강의 기술

강의가 얼마나 감명 깊고 인상적이었는지는 청중에게 나타난 강의 효과가 말해준다. 청중이 강의를 듣고 감명받았다면 명강의를 했다는 의미이다. 명강의의 기본 개념은 청중이 모르는 유식한 단어를 구사하거나 알아듣지도 못하는 영어를 유창하게 사용하는 것이 아니다. 감명 깊고 인상적인 강의를 하려면 어려운 것을 쉽게 말하되 평범하지 않고 열정적이면서도 진지하게 해야 한다.

소위 대작으로 일컬어지는 서예 작품이나 대가들이 썼다는 붓글씨를 보면 도무지 무슨 글자인지 알 수 없는 것들이 많다. 그들에게는 예술일지는 몰라도 일반인이 그 의미를 알 수 없다면 글씨라고 하기는 어렵다고 생각한다. 아무리 아름다운 글씨라도 누구나 쉽게 읽을 수 있고 이해할 수 있어야 의미가 있기 때문이다.

학식이 좀 있다고 해서 대가들이 붓글씨를 어렵게 쓰는 것처럼 청중들이 알아듣지 못하는 외국어를 남발하는 강사들이 많다. 물론 핵심 개념을 우리말로 번역하기 어려운 경우 외국어를 그대로 써야 할 수도 있을 것이다. 그럴 때는 자세한 우리말 풀이를 덧붙여 이해를 도와야 한다. 무조건적인 외래어 남발은 자신의 전문성을 인정받는 데 역효과를 낳는다. 오히려 청중에게 거부감을 사기 쉽다. 다시 말하지만, 어려운 말을 쓴다고 해서 좋은 강의가 되는 것은 절대 아니다.

필자는 이러한 개념을 이용하여 강의를 대략 세 단계로 나눠 진행한다. 강의 초반 진입은 단순하고 명쾌하게 한다. 초반에 자기 소개나 기타 경험을 늘어놓기 시작하면 강의 전체가 느슨해질 수 있기 때문이다. 중반에는 실력 있는 강의로 교육에 참석한 사람들에게 신선함을 주고 강의를 통해 얻을 수 있는 것들을 제공한다. 후반에는 청강생들로 하여금 자신들이 하는 역할이 얼마나 중요한지를 깨닫고 기업에 기여할 수 있는 혁신적인 마음으로 무장할 수 있도록 감명 깊고 인상적인 내용으로 강의를 마무리한다.

거듭 강조하건대, 명강사가 되려면 누구나 쉽게 이해하고 알아들을 수 있는 강의를 해야 한다. 그러나 확실히 해야 할 것은 표현은 쉽게 하더라도 반드시 특유한 관점과 논리, 번득이는 재치가 있어야 한다는 점이다. 청중이 바라는 것이 바로 이것이라는 것을 잊지 말기 바란다.

06

커뮤니케이션

아무리 좋은 강의도 의도하는 내용이 전달되지 않으면 소용이 없다. 내용을 충분히 전달하기 위해서는 다양한 의사소통 기술이 필요하다. 교육생이 진행 과정에 참여하지 않고 강사가 혼자서 일방적으로 진행하는 강의는 효과가 없다. 강사는 준비한 내용을 충분히 전달할 수 있도록 사전에 철저히 준비해야 한다.

일방적인 전달보다는 쌍방향으로 교류가 되게 하라

처음 강단에 서면 교육생의 질문이 두려울 수 있다. 그러나 조금 경험이 생기면 오히려 자신이 미리 준비한 질문을 교육생들이 하도록 유도할 수 있다. 자신이 계획한 대로 교육생이 끌려올 때 강사로서 또 다른 묘미를 느낄 수 있다.

지금은 일방적으로 강사가 준비한 자료만을 전달하는 것보다 상호 의견을 주고받는 쌍방향 교류의 강의를 선호한다. 예를 들면, 현재 교육생들의 업무수행 방법을 가볍게 물어본 후 새로운 기법의 업무수행 방법이나, 선진 기업들의 사례를 들어 현업에 참고할 수 있도록 지원하는 강의가 그것이다.

기존 업무에 사용한 방법과 툴의 장단점을 분석하고 문제점을 찾아 서로 의견을 나누도록 해보라. 문제의 원인을 제거하는 새로운 방법과 수단을 제시한다면 의뢰인은 당신을 강사로 부른 충분한 이유와 보람을 찾을 수 있을 것이다. 강사가 제시하는 방법이나 툴은 검증되어야 하므로 출처를 명확히 알리거나 이미 사용하여 성공한 기업의 사례를 확인할 수 있도록 명시하는 것이 좋다.

교육생의 의견을 물어 문제점을 분석하고 교육생과 강사가 생각을 좁혀 좋은 결과물을 만들어낼 수 있는 강의라면 최고의 강의이다. 교육 기간 동안 교육생들로 하여금 소속 기관의 문제점을 인식하고 최상의 대안을 산출물로 얻을 수 있도록 교육 내용을 준비하는 것이 강사가 해야 할 중요한 역할이자 역량이다. 그저 강사 혼자 일방적으로 시간을 채우고 떠나는 강의는 하지 말아야 한다. 상호 발전을 위해 강사를 괴롭히는 교육생들이 많을수록 강의의 질은 높아진다.

교육생이 한눈에 들어오도록 자리를 배치하라

강의장의 구조상 주로 강사가 강단 앞에 서서 강의하는 경우가 많다. 만약 강의장이 방금 분임分任토의를 한 것처럼 무질서한데 책상을 그대로 둔 채 강의한다면 교육생들의 자세가 불편하여 강의 집중도나 효과가 떨어질 것이다. 가능한 한 전체 교육생이 강사와 눈을 맞출 수 있도록 자리를 배치해야 한다.

강사는 자신이 준비한 자료가 교육생들에게 충분히 전달될 수 있도록 교육생의 표정까지도 읽어가면서 강의해야 한다. 교육생의 표정과 눈빛을 보지 못하는 것은 자신이 이야기하고 있는 내용이 잘 전달되고 있는지 신경을 쓰지 못하기 때문이다. 그런 강의는 교육생의 반응을 전혀 알 수 없어 일방적이 되고 지루해지기 쉽다.

어떤 사정 때문인지는 몰라도 딴 생각에 빠져서 강의가 관심 밖에 있거나 시무룩한 표정을 하고 있는 사람이 있다면 그에게 관심을 보이는 것도 잊지 말아야 한다. 밝은 표정으로 교육생들과 눈을 계속 맞추며, 쉽고 가벼운 질문으로 지속적인 참여를 유도해야 한다. 부서의 업무와 잡 사이즈job size와 같은 전문적인 부분을 교육생들에게 묻는다면 그들은 자신이 잘 알고 있는 부분이므로 강사가 놀랄 만큼 태도를 바꿔 적극적으로 강의에 집중할 것이다.

교육생은 교육 내용에 대한 반응을 얼굴 표정으로 말한다.

좋아하는 단어를 사용하라

경쟁사에 관한 이야기를 많이 하면 사실 교육생들은 좋아하지 않는다. 남의 이야기보다 자신들의 이야기를 많이 해주기를 원한다. 제품이나 용어조차도 그들과 연관된 것을 쓰면 강의에 더욱 집중한다.

강의 준비를 하면서 의뢰사의 산업을 분석하고 그들이 사용하는 단어와 전문 용어들을 이해하고 주요 관심사를 찾아내는 것은 분명 해본 사람만이 느낄 수 있는 재미이다.

특별한 단어나 전문 용어를 강사가 강의 시간에 교육생들에게 질문하면 대부분은 무척 반갑게 답변해준다. 어떤 사람들은 강사가 몰라서 교육생들에게 물어보는 것을 이상하게 생각할 수도 있을 것이다. 그러나 강사가 교육생에게 질문을 하면 교육생은 전문가가 모르는 부분을 자신이 알려준다는 것에 자부심을 가지게 되고, 전문가도 모르는 부분이 있다는 생각에 강사를 더 인간적으로 친밀하게 대하게 된다. 그래서 자신들이 하는 업무와 사용하는 전문 용어나 특별한 부분에 대해 열성적으로 강사를 가르쳐주며 적극적인 자세로 강의에 몰입하기 시작한다.

교육생 전원이 적극적인 참여를 하지 않을 때는 강사가 동선을 이동하면서 관심 없는 사람들 곁에 가까이 다가가 강의를 하면 쌍방향으로 의사소통이 한결 향상된다.

진실보다 더 앞선 지혜는 없음을 인식하라

　강사라고 해서 모든 것을 알 수는 없다. 강의 준비를 하면서 전문 분야의 정보나 자료를 미처 찾지 못할 수도 있고, 그 내용을 자세히 모를 수도 있다. 특히 전문적인 부분은 오히려 현업에 있는 사람들이 더 정확하게 알고 최신 정보도 보유하고 있는 경우가 많다. 이럴 때는 다른 전문가에게 자신이 의뢰받은 강의를 넘기든가 아니면 현장을 직접 방문해서 의뢰받은 내용을 파악하는 수밖에 없다.

　다만, 확실한 것은 자신이 잘 모른다고 하여 강의를 대충 준비하면 엄청난 결과를 맞이하게 된다는 것이다. 다음 사례는 그에 대한 교훈을 말해준다.

　다단계 회사에서 근무한 경력이 있는 산업 강사 한 분이 있는데, 그는 강의 분야가 영업, 리더십, 커뮤니케이션, 조직 관리 등이었다. 어느 날 첨단 장비로 변하고 있는 복사기 회사에서 영업 교육에 관한 강의 의뢰가 그에게 들어왔다. 그는 국내 복사기 시장은 세 개 정도의 회사가 경합을 벌이고 있어서 이전 자료를 들고 강의장에 나갔다. 이전에 복사기에 대한 영업 강의를 한 번도 한 적이 없었는데도 특별한 지식을 쌓거나 노하우를 공부하지 않고 자신이 사용해 본 옛날 복사기를 떠올리면서 강의하면 되겠다는 막연한 생각만 했을 뿐 그때까지 그에게 닥친 위기를 인식하지 못하고 있었다.

　강의 도중 한 영업 사원이 경쟁사인 A사의 영업 전략에 대해 질문하자 A사가 어떻게 영업을 하고 있는지 전혀 몰랐지만 그는 대충 일반적인 영업 구조로 설명을 시작했다. 그러나 설명과 달리 A사는 대리점 중심이 아닌 본사의 특판 중심 영업 구조를 가지고 있었고, 대리점의 매출액은 전체 매출액의 절반 정도를 차지하고 있었다. 그런데 일반 회사처럼 매출의 대부분을 대리점에 의존하고 있다고 했으니 큰 봉변을 당하고 말았다.

이번에는 경영혁신과 마케팅에 관해 강의하고 있는 모 강사의 이야기이다. 그는 벤처 회사로부터 리더십과 코칭 스킬이란 주제로 강의를 의뢰받았는데, 평소 해보지 않은 분야여서 자료를 만들려니 시간도 촉박하고 해서 다른 강사의 자료를 복사하여 사용하기로 했다. 파워포인트로 만든 자료를 30장 정도 준비하면 6시간을 거뜬히 소화할 수 있을 것이란 막연한 생각으로 강의를 시작했는데, 다른 사람의 자료를 복사했던 관계로 왜 그런 단어들을 사용했는지 전혀 알 수 없어서 3시간 만에 30장의 자료를 모두 넘기고 말았다. 그는 결국 나머지 3시간은 기업의 교육 담당자와 교육생들에게 양해를 구하고 벤처 기업의 경영혁신 분야를 강의했다고 한다.

욕심이 지나친 강사는 자신이 전공한 분야나 강의하는 과목이 아닌 잘 모르는 다른 분야의 강의도 하려고 한다. 만일 그렇게 한다면 강사 자신과 교육생 모두에게 손해를 끼치게 된다. 서두르거나 조급해 하지 말고 우선 하나의 브랜드를 인식시키려고 노력해야 한다. 한 분야에서 최고가 되면 다른 부분으로 자연스럽게 영역을 확장할 수 있기 때문이다. 그러므로 완전한 전문가가 된 다음 자신의 전문 분야를 확장하기 바란다.

처음부터 명강사가 된 사람은 없다. 모두 실수나 실패한 경험이 있다. 당신도 실수할 수 있으며, 때론 실패할 수도 있다. 자신의 무지를 숨기려면 더 많은 얘기를 해야 하지만, 진실하게 최선을 다하는 강의를 한다면 그 누구도 당신을 함부로 평가하거나 손가락질하지 않을 것이다. 매순간 최선을 다하되, 자기 욕심만 채우려 하지 말고, 기업이나 교육생의 성장과 발전을 돕는다는 각오로 항상 겸손한 자세로 노력하는 강사가 되기 바란다.

교착 상태나 어려운 질문에 침착하게 대처하라

그냥 웃고 농담하자는 질문을 하는 사람이 있는가 하면 정말 진지하고 멋진 질문을 하는 사람도 있다. 그러나 이 두 경우 모두 관심이 있어서 하는 행동으로 받아들여야 한다. 대부분 교육생들은 자신이 답을 알 수 없는 것에 대해서는 질문을 잘하지 않는다는 특징이 있다. 이미 어떤 경로를 통해 자신이 알고 있는 것을 다시 확인하려는 차원에서 질문을 하는 경우가 많다.

그런데 질문을 받으면 이마에 땀부터 흘리는 강사들이 있다. 정말 질문의 답을 몰라서 그런 경우도 있지만, 강의 경험이 부족해서 갑작스런 질문에 당황하여 그런 경우도 많다. 이럴 때는 다음 방법을 활용하면 침착하게 대처할 수 있다.

독심술을 이용하지 마라

강의 중에 독심술을 이용하려는 강사는 상대방이 이야기하는 내용이 무엇인지 다 들어보지도 않고 알고 있다고 생각한다. 이런 강사는 교육생이 이야기 하는 중에 끼어들거나 말을 가로막거나 질문 의도를 멋대로 가정함으로써 더 큰 접전을 만들기도 한다.

충분하게 끝까지 듣는 것이 실수와 실패를 줄일 수 있는 가장 좋은 방법이다. 대부분 강사들은 말하기를 좋아하는 사람들이어서 모처럼 교육생이 질문 하나 하는 것도 중간에 자르거나 끼어들어서 마치 다 알고 있다는 듯이 자신의 생각을 쏟아놓기도 한다. 그러나 상대는 자신이 무시당했다는 생각을 하는 순간 당신을 향해 공격적인 자세로 바뀐다는 사실을 명심하기 바란다.

듣고자 하는 핵심을 파악하라

강의에 대한 질문을 하거나 강사 자신과 다른 주장을 이야기하는 사람이 있다면 맞장구를 치며 잘 들어주는 것이 예의이다. 그러나 교육생이 던진 질문을 불행하게도 강사가 전혀 모른다면 어떻게 대처해야 할까?

일단 질문한 교육생이 그가 아는 모든 내용을 끄집어내게 해야 한다. 그러자면 단계적으로 하나씩 질문해야 한다. 하나씩 침착하게 질문해 들어가면 교육생은 자신이 아는 정보를 쉽게 풀어서 설명하려고 노력할 것이다. 그의 이야기 속에 당신이 알 것 같은 부분이 발견되면 칠판이나 메모지에 간단히 기록하면서 더 많은 것을 꼬리를 물고 질문해야 한다. 가능한 한 많은 것을 확인해야 답변하기가 용이하다. 그러나 대부분의 강사들은 무엇인가 하나를 돌파구로 찾으면 그것이 정답인 것처럼 자신의 이야기로 즉각 응징에 들어간다. 성급한 판단은 실수를 부르기 쉬우므로 삼간다. 그러므로 여유롭게 질문의 핵심을 찾도록 노력해야 한다.

강사 자신이 전혀 모르는 부분은 오히려 질문해온 교육생에게 되물으면, 그 교육생은 그가 아는 부분을 세분화해서 이해할 수 있도록 설명해줄 것이다. 그래도 감이 잡히지 않으면 질문자의 주변에 있는 사람들을 관찰하여 마치 알고 있다는 표정으로 눈을 맞추는 사람에게 그의 생각은 어떤지 물어볼 수 있다. 몇 사람이 가지고 있는 생각과 이야기들을 들어보면서 당신의 이야깃거리를 정리할 여유를 유지하며 최종 결론을 내리는 것도 좋다.

모르는 질문에 대처하기 위해서는 첫째, 질문자에게 보충 질문을 던져 그가 알고 있는 이야기를 끄집어내고, 둘째, 질문 내용에 관해 더 잘 아는 주변 사람들이 답변할 수 있도록 한다. 이것이야말로 고수들이 문제를 해결하는 방법이다. 이런 기술을 잘 활용하면 당황스런 교착 상태에서 지혜롭게 벗어날 수 있을 것이다.

본론에서 벗어나지 마라

가끔은 강사가 오버해서 강의 주제와 다른 사생활이나 자기 자랑을 너무 많이 하는 경우가 있다. 그때는 여지없이 교육생들에게 일침을 맞게 된다.

교육생들은 강의 주제와 무관한 사적인 이야기나 본론에서 벗어난 다른 이야기로 슬쩍 넘어가는 것을 좋아하지 않는다. 시종일관 강의에 집중하면서 다른 이야기를 할 경우라도 주제와 연관성을 유지할 필요가 있다.

무례하게 굴지 마라

어떤 강사가 강의를 시작할 때 이런 말을 미리 해두었다.

"시간이 많지 않은 관계로 질문은 강의 끝나고 받겠습니다."

강의가 끝나고 교육생이 질문을 했다. 그러나 강사는 비행기 표를 예약해서 시간이 없다는 핑계로 황급히 자리를 피했다. 질문한 사람이 오히려 무안해져 버렸다.

이런 경우도 있다. 교육생이 다음과 같은 질문을 했다.

"강사님, 혹시 저희 경쟁사인 A사의 올해 영업 방침에 대하여 알고 계신가요?"

"글쎄요. 직접 그 회사 홈페이지를 뒤져보거나 찾아보시죠."

이런 대답을 하는 강사와는 더 이상 관계가 형성될 수 없다. 질문한 사람은 황당해서 강사가 강의한 모든 내용들을 부정적으로 볼지도 모른다.

교착 상태에서 벗어나는 기술은 많은 경험을 통해 좋아질 수 있다. 그러나 핵심은 진지한 자세와 지혜가 있으면 굳이 많은 경험을 하지 않더라도 교착 상태를 충분히 해결할 수 있다는 것이다.

교착 상태에서 벗어나기

독심술을 이용하지 마라	● 상대방이 무슨 말을 하는지 안다고 제멋대로 가정하거나 이야기 중에 끼어들지 마라.
듣고자 하는 핵심을 파악하라	● 이해할 때까지 논리적으로 질문을 하라. ● 핵심을 파악하고 접근 방법을 결정하라.
본론에서 벗어나지 마라	● 다른 사람의 생각을 들어보면서 여유를 유지하라. ● 즉흥적인 다른 이야기로 말머리를 돌리지 마라.
무례하게 굴지 마라	● 어떤 질문이라도 무시하지 마라. ● 성의 없는 답변은 화를 부른다.

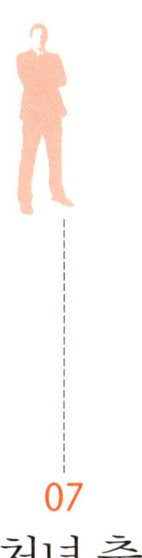

07
처녀 출강

평범해서는 안 됨을 명심하라

처음 강단에 오른다고 해도 촌스러운 차림을 하거나 실수를 연발하면 교육생이 이해하고 그냥 넘어가지 않는다. 최소한 기업체 교육 강사는 프로 근성이 있어야 한다. 교육생들은 많은 훌륭한 강사에게 교육받은 경험이 있으므로, 당신만의 특별한 부분을 준비해야 한다. 강의가 평범하다면 당신에 대한 기억이 강의가 끝나면서 곧장 지워져 버릴지도 모른다.

차별화된 특별함을 개발하라

여러 가지 여건을 두루 충족한다면 더할 나위 없이 좋겠지만 그렇지 못하더라도 차별화된 독특함 하나는 인상 깊게 전달해야 한다.

필자의 차별화 부분은 다음과 같다.

강사 소개에 대한 '차별화' 전략

필자는 강의 시작과 더불어 첫 화면에서 강사에 대한 이력 및 경력을 15초 동안 소개할 수 있도록 애니메이션과 파워포인트를 사용하여 제작했다. 15초 이상 소개를 할 필요는 없다고 판단해서이다.

다른 강사들이 자신에 관해 자랑하는 것을 들은 적이 있는데, 괜히 반감이 들었다. 빈 수레가 요란하듯이 실력 없는 강사들이 자기 자랑을 많이 하는 것 같다. 실력으로 보여주고, 자기 소개는 교육생들이 궁금해 할 정도로 짧고 간략하게 하는 것이 좋다.

의뢰인을 위한 '상품화' 개발

필자는 건설 회사에서 강의를 의뢰하면 건설 회사에 기회 선점 경쟁과 상품화 전략을 적용해서 강의한다. 이는 다른 회사에서 강의를 할 때도 마찬가지이다. 제약 회사, 의류 회사, 반도체 회사, 병원, 유통, 전자, 교육 등의 분야에 나만이 개발한 차별화된 지식을 그곳 상황에 적용해 전달할 수 있도록 준비하는 것이 남과 다른 전략이다. 이렇게 강의에 컨설팅을 포함하는 경우도 있지만, 대부분은 현장 설문조사나 기존의 논문, 학술지 자료를 바탕으로 상황을 분석하여 강의한다.

현재 필자는 기회 선점 경쟁 요소를 브랜드화하는 중인데, 이것은 기업이나 개인의 성과에 직접적인 영향력을 미칠 것으로 확신한다.

멀티 프레젠테이션 강의

강의 내용은 교육생이 편하게 보고 호기심을 유발하도록 파워포인트로 제작한다. 강의 교재를 준비할 경우 텍스트 위주보다는 사진, 도해, 차트 등을 이용하면 전달력을 높일 수 있다. 또한 관련 과목이나 해당 주제와 연관성이 깊은 동영상을 편집해서 3~5분 정도 볼 수 있도록 준비한다. 텍스트로 제작된 자료로 강의하는 것보다 동영상을 보면 이해도 쉽고, 기억에도 오래 남아 설득력을 높이는 데 많은 도움이 된다.

모든 분야에 출중하면 좋겠지만, 어느 한 곳만이라도 남다른 모습을 갖추어야 성공할 수 있다. 파워포인트로 교재를 잘 만들거나, 동영상을 접목한 멀티 프레젠테이션 기술이 우수하거나, 호소력 있는 음성으로 발표력이 뛰어나거나, 교육생이 필요로 하는 원츠 wants의 요소들을 찾아서 명쾌한 강의를 할 수 있어야 한다.

열정을 가지고 진지하게 임하라

강사가 갖춰야 할 자질 중에 가장 중요한 것으로 필자는 열정을 꼽는다. 강의를 위해 밤새워 준비해본 경험이 있는가? 꼬박 밤을 새우고 잠을 못 잔 것은 아랑곳하지 않고 강의장으로 달려가서 흥분된 마음으로 8시간을 강의할 수 있는가? 강사는 열정으로 무장해야 한다. 프로라는 자부심도 중요하지만 자부심을 뒷받침해주는 열정이 있어야 한다. 몸과 말에는 힘이 있어야 한다. 준비한 교육 자료는 최신 정보가 녹아 있어야 교육생들에게 열정을 불러일으킬 수 있다.

강의할 과목에 대해서는 최소한 한 권의 책을 쓸만한 실력을 쌓아야 한다. 실제 자신이 강의하는 분야에 관한 책을 출판한다면 전문성을 인정받을 수 있다. 동시에 더 열정적이며 진지하게 강의를 풀어낼 수 있을 것이다.

강사는 강의 내내 교육생을 압도할 수 있어야 한다. 강의장 분위기는 강사가 자신의 열정으로 끌어올려야 한다. 강사에게 가슴으로 호소하는 열정이 없다면 교육생의 변화와 기업의 성과는 기대할 수 없다. 머리가 아닌 가슴으로 혼을 실어 강의해야 비로소 한 사람씩 긍정적인 영향을 받을 수 있다.

강사란 직업은 스스로 노력해서 결과를 만들어가는 일이다. 지금껏 자신이 열정이 없는 사람으로 판단되거나, 누가 시켜야만 수동적으로 움직였다면 강사란 직업을 선택하는 것은 고려해보기 바란다.

강의 평가를 정중하게 받아들이라

초보 강사나 경력이 많은 강사에게 대체로 나타나는 공통점은 교육생의 강의 평가를 인정하려 하지 않는다는 것이다. 그러나 교육생의 평가를 겸손하게 받아들여야 발전하는 강사로 성장할 수 있다. 평가 결과를 수용하지 못하고 오히려 교육생을 꾸짖고 회사를 욕한다면 더 이상의 발전을 기대할 수 없다는 것을 명심하기 바란다.

교육생의 평가는 정직하다. 많은 사람이 내린 결과의 평균값이란 차원에서 받아들이면 된다.

강사는 교육생의 평가에 성공의 길이 있다는 것을 깨달아야 한다. 남들의 평가를 무시하는 강사는 성공을 기대할 수 없다. 자기만족에 자화자찬하다보면 자신이 최고라고 착각하기 쉽다. 평가 결과를 겸허히 받아들이고, 부족한 부분을 더 많은 노력으로 극복하면 반드시 성공하는 명강사가 될 것이다.

거듭 말하지만, 교육생의 평가는 거의 옳다. 낮은 평가가 나온다면 받아들이기 힘들겠지만, 자신의 부족함을 알고 극복해야 성공할 수 있다.

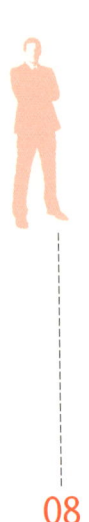

08
강사의 금기사항

강사는 다른 사람에게 꿈을 나눠주어야 한다. 즉 역할 모델이 되어야 한다. 반기문 총장이 전 미국 대통령 존. F 케네디를 만나 꿈을 갖게 된 것처럼 강사를 인생의 역할 모델로 생각할 사람들이 있을 수 있기 때문이다.

거만한 태도를 삼가라

남을 가르치는 선생은 늘 겸손하고, 존경받는 사람이 되어야 한다. 그러나 기업에서 강의하는 사람들 중에는 자신을 낮추는 강사가 많지 않은 것 같다. 그들은 강단에 서면 화려한 경력을 알리기에 급급하고 대기업에 출강을 다닌다는 흔적을 남기려 한다.

그러나 강사는 강의 내용으로 승부를 걸어야 한다. 화려한 이력 뒤에 숨어 있는 보잘 것 없는 진실은 어쩌면 그 사람을 더 우스운 존재로 만들지 모른다. 진짜 실력 있는 선생은 교육생들이 알아서 대접한다. 그러므로 '나는 대단한 사람이다.'라고 절대 자신의 입으로 말하지 말기 바란다. 너무 가벼워 보이고, 선생다운 모습이 가려지기 때문이다.

교육생 가운데는 강사보다 그 분야에 더 많은 경험과 해박한 전문 지식을 갖춘 이가 있을 수도 있다. 그렇다고 강의 서두부터 "사실 저도 이 분야에 대해서는 잘 모릅니다만……."라는 식의 말로 자신을 낮추라는 이야기는 아니다. 충실한 강의 내용과 해박한 지식으로 교육생을 사로잡되 끝까지 겸허한 자세를 유지해야만 멋진 강사가 될 수 있다.

자기 자랑과 과신을 하지 마라

모 기관에서 강사들의 강연이 있었다. 세 사람이 각각 50분씩 자기가 선택한 주제로 발표하기에 필자도 강의하는 한 사람으로서 특별한 관심을 가지고 들으러 갔다. 이미 사회에서 유명한 사람들로 소개가 되어 있어 기대가 컸다.

첫 번째 강사가 강단에 나가서 마이크를 잡더니 50분 중 자기 자랑을 30분 정도 하고 본론 강의는 하는 도중에 시간이 다 되어 내려왔다.

두 번째 강사는 더 열정적으로 자신의 경력을 화려하게 포장하며 떠들어댔다. 강의 주제인 '혁신적 변화 관리'와 경력 자랑이 무슨 상관이 있기나 한듯 마치 첫 번째 나온 사람보다 자기가 더 화려하고 잘났다는 것을 입증하려고 작정한 사람 같았다. 화가 나는 것을 겨우 참고 세 번째 강의를 기다렸다.

세 번째 사람은 자기 자랑도 모자라서 가족과 아이들 자랑까지 덧붙였다. 자신이 이번에 그랜저를 뽑았고, 지방 강의는 기사를 대리해서 다녀온다는 불필요한 이야기는 왜 하는지……. 필자는 도저히 참지 못해 버럭 소리를 질렀다. 주어진 50분 동안 핵심 내용만 강의해도 모자랄 판에 자기 자랑 대회가 열린 것처럼 착각하다니! 시간과 돈을 들여 일부러 먼 곳에서 온 사람들이 고작 그런 말이나 들으려고 왔단 말인가? 진짜 실력으로 무장한 사람들은 자기 자랑을 하지 않는다. 누구를 경쟁자라 의식하지도 않는다. 실력을 향상시키는 데 주력하고, 내공을 쌓는 데만 열중할 뿐이다.

표준화된 교안을 계속 사용하지 마라

강의 과목에 기본 틀을 만들어두는 것은 가능하다. 그러나 그 틀을 모든 기업에 사용해서는 안 된다. 매번 보강하되, 교육을 의뢰한 회사와 연관된 정보와 자료로 보충해야 한다.

생산 라인이나 조직은 업무 표준화를 하면 생산성이 향상되기에 필자는 일부러 비싼 돈을 들여서라도 표준화 작업을 해둔다. 그러나 표준화가 필요 없는 산업도 있는데, 그 중 하나가 교육 분야이다. 대학 교수나 기업 강사들의 강의는 표준화할 수 없다.

속도 경영을 하지 못하는 대학에서 길러낸 인재들을 기업이 활용할 수 있는 역량은 2.7%에 지나지 않는다는 조사 자료가 있다. 5년, 10년 전에 한 석학이 쓴 책을 현재 시점에 교재로 선택해서 가르친다면 현실적 가치가 없는 구전이 될 것이다. 하루가 다르게 변화하는 시대에 5년, 10년이라는 기간 동안 달라진 내용과 현실성을 반영하지 못하고 있기 때문이다.

필자는 컨설팅 사업을 할 때 나만의 원칙을 하나 세웠다. 그것은 1년 이상 걸려 작업한 컨설팅 자료를 인수인계한 후에는 모두 없애버리고 디스켓이나 CD도 가위로 잘라 버리는 것이다. 사람들은 무척 아까워했지만 그것만이 살 길이라 생각했다.

만약 자료를 계속 보관한다면 다른 용역에서 수주할 때 기본적인 것은 응용해서 사용할 수 있으니 시간과 비용 면에서 많은 이익이 발생할 수 있을 것이다. 그러나 분명 컨설팅 대상 하나하나는 모두 환경과 상황이 다른데, 기존 저장된 자료를 가지고 있는 한 절대로 초심으로 돌아가 열심히 연구하고 노력하지 않을 것 같았다.

강의도 마찬가지이다. 필자는 과목의 기본 골자를 제외하고는 강의 이후에 자료를 모두 없애버린다. 털끝만큼도 미련을 두지 않는다. 설령 다음에 같은 주제로 강의 요청을 받게 되었다고 해도 자료를 남겨두지 않은 것에 대해 한 번도 후회해본 적이 없다.

그러나 다른 사람이 필자의 강의 교재를 달라고 하면 기꺼이 준다. 그래야만 그 사람이 그것보다 뛰어난 것을 연구하여 새로운 것으로 채울 수 있기 때문이다.

즉흥적인 이야기는 절대 하지 마라

강의는 주제와 관련해서 세부적으로 설계해야 한다. 본론에서 벗어난 이야기가 많거나 군더더기가 많으면 성공적이지 못한 강의가 된다. 더구나 준비되지 않은 이야기를 즉흥적으로 생각해서 하기 시작하면 주제와 다른 이야기를 한참 하다가 자신이 왜 그 말을 하고 있는지조차 모를 때가 있다. 왜 시작했는지를 모르면 결론을 어떻게 내려야 할지 난감해지기 마련이다.

준비하지 않은 이야기는 강의에 전혀 도움이 되지 않으므로 할 필요가 없다. 명확하지 않은 사례를 들거나, 경쟁사나 관계 없는 기업의 사례를 말하면 마무리하기도 쉽지 않다. 즉흥적인 이야기는 군더더기가 되기 쉬우므로 처음부터 하지 않는 습관을 들여야 한다.

시간을 엄수하라

강사는 강의 시작 30분 전에 교육장에 도착해 있어야 한다. 그렇게 하면 의뢰처의 교육 담당자로부터 교육생에 관한 정보를 얻을 수 있고, 앞 사람의 강의를 들음으로써 분위기를 이어가기도 수월하다. 준비한 자료의 방향이 현장과 다르다면 수정할 시간도 벌 수 있으며, 강의를 여유롭게 시작할 수 있어서 초반 진입을 안정적으로 할 수 있다.

만약 강사가 지각을 한다면 물론 미처 도착하지 못한 자신이 가장 마음이 초조하겠지만 행여 서두르다 사고라도 나면 많은 손실이 발생할 수 있다. 이렇게 되면 교육장에서 기다리는 교육 담당자나 교육생들의 프로그램을 모두 망치게 된다.

초보자일지라도 초행길이어서 어쩌다가 늦는 경우를 제외하고는 일찍 교육장에 도착해야 한다. 사전에 약도를 확인하고 찾아가는 길을 머릿속에 그려두면 훨씬 수월하게 찾을 수 있다. 초행길은 아예 더 일찍 출발하는 것이 제일 안전하다.

지금은 차에 부착해서 길을 안내하는 내비게이션 덕분에 초행길을 갈 때도 많은 도움을 받을 수 있다. 대부분 연수원은 일반 지도를 들고 찾아가기 어려운 산속이나 주택가와 떨어진 곳에 많지만, 주행 길과 거리, 도착 시간까지도 알려주는 내비게이션이 있어 좋은 길 안내자가 되고 있다.

교만한 포만감을 버려라

잘나가는 강사는 하루에 2~3회 강의를 하기도 하는데, 그들은 지각도 자주 한다. 너무 바빠서 교육장에서 다음 교육장으로 제시간에 미처 이동하지 못하기 때문이다. 그래서인지 그들은 강의 시간에 늦어도 습관처럼 적당히 얼버무리고 강의를 시작하곤 한다. 늘 그랬던 것처럼 자신이 몸값이 높은 사람이라서 좀 지각하는 것이 당연하고, 듣는 사람도 그저 영광으로 생각하고 들으라는 식이다.

필자는 그들에게 개구리 올챙이 적 시절을 잊어버리면 큰일 난다는 말을 해주고 싶다. 잘나가는 강사들에게도 처음 강의를 시작하거나 힘들 때 도와준 회사나 기관들이 있을 것이다. 그러나 그들의 다수는 어느 정도 인기 있는 강사가 된 후에는 강의료가 적다는 이유로 예전에 자신이 도움을 받았던 곳을 스스로 멀리 한다. 또는 남들과 다른 특별한 대접을 해주기 원한다. 그러나 올라가면 내려오는 것만이 남아 있다는 사실을 명심해야 한다.

힘들 때 도와준 회사나 기관들에게 보답하는 마음을 잊어서는 안된다. 영원한 비밀은 없다. 세상은 생각보다 좁기 때문에 한두 사람만 거치면 모두 알게 된다. 말을 아끼고, 자신이 성장할 수 있도록 도와준 기관이나 회사에 도움을 줄 수 있어야 한다.

유명한 강사들은 여기저기에서 강의 의뢰를 받느라 바쁘다. 그러다 보니 이전에 예약한 강의가 오늘 연락 온 강의보다 강사료가 적으면 과감히 취소해버리는 경우도 있다. 이것은 강사로서 수명을 스스로 단축하는 행위이다. 갑작스레 강의를 취소한 사실이 알려질 것이기 때문이다. 그러므로 강사는 최소한의 강사다운 태도를 가져야 한다. 필자는 잘나가는 강사들이 유명한 이름만큼 모든 이들에게 존경받는 사람으로 성장하길 바란다.

09

전달력이 높은 교재 제작을 위한 기법

교재의 디자인과 제작 기법은 교육의 효율을 높이는 데 많은 영향을 미친다. 교재가 텍스트 위주의 일반적인 책과 같으면 한눈에 핵심을 찾아내기가 쉽지 않다.

교재를 제작하는 기본 원칙은 다음과 같다.

첫째, 간단하고 명료하게 요약하라.

긴 문장과 복잡한 내용은 간단한 단어나 문장으로 요약해서 강의 때 자세히 설명하는 것이 좋다.

둘째, 글씨는 크고 읽기 쉽게 하라.

글씨 크기는 강의장 규모에 따라 달라질 수 있지만, 일반적인 규모 즉 50명 정도의 교육생이 들어가는 강의장이라면 주제는 28포인트, 본문 내용은 20포인트 정도의 크기가 적당하다.

특히 슬라이드 화면에 담긴 내용은 읽기 쉬워야 한다. 읽는 것에 많은 영향을 미치는 것은 서체이다. 무슨 서체를 사용하느냐에 따라 읽는 사람들의 관심도가 달라질 수 있기 때문이다. 교육생들은 주로 견고딕을 사용하면 눈에 익숙해서 읽기가 편하다고 한다.

교육 내용과 관련된 사진이나 그림 등을 사용하면 시각적인 효과로 교육 성과를 높일 수 있다.

시각화 3대 원칙은 다음과 같다.

첫째, 보기 쉽게 하라.

교재용 슬라이드 한 장에는 하나의 주제나 내용만을 담아야 한다. 슬라이드 한 장에 여러 가지 주제와 내용을 담을 경우 교육생들이 집중도가 떨어지고 핵심 내용을 파악하지 못할 수 있다. 복잡하다는 것은 집중도가 떨어지는 원인이 되기도 한다.

둘째, 이해하기 쉽게 하라.

교육 내용과 관련된 이미지를 이용하는 것도 좋다. 예를 들어, 세계적인 글로벌 경쟁력을 갖추기 위해 외국에 거점을 확보하는 내용으로 교재를 제작한다면 세계 지도를 놓고 해당 지역에 표시만 해도 이해하기 쉽다. 나라별로 이름과 위치를 장황하게 텍스트 형태로 기록한다면 듣는 사람은 그곳이 어디쯤 있는지조차도 몰라서 교육 효과가 떨어질 것이다.

셋째, 눈에 띄게 하라.

보고서는 회색이나 검정 계열로 작성하기를 권하지만, 강의 교재는 눈에 잘 들어오는 대비색을 사용하기 바란다. 도해와 도형을 활용하면 더욱 오래 기억된다.

미국 미네소타 대학과 펜실베니아 대학에서는 도해와 도형, 동영상 등을 이용한 시각적인 자료가 다음과 같은 영향을 미쳤다고 발표했다.

첫째, 그냥 말로만 이야기할 때보다 상대방을 설득할 수 있는 확률이 45% 높아졌다.

둘째, 텍스트로만 이루어진 서류보다 내용 전달력이 높아서 상사에게 결재 승인을 얻을 수 있는 확률이 2배 높아졌다.

셋째, 글씨만 쓴 자료보다 5배나 오랫동안 기억되었다.

넷째, 의사를 전달하고 이해시키는 시간이 28% 절약되었다.

시각적인 자료는 내용을 오랫동안 기억하게 하는 효과가 있으므로, 이를 활용하여 교재를 작성하는 것이 무엇보다도 중요하다.

- 말로만 뜻을 전할 경우 3시간 후에는 내용의 70%를 기억하고 3일 후에는 10%만 기억한다.
- 시각적인 자료만 보여줄 경우 3시간 후에는 내용의 72%를 기억하고 3일 후에는 20%를 기억한다. 말보다 시각적인 자료가 더 오랫동안 기억된다는 결론이다.
- 시각적인 자료를 보여주며 설명할 경우 3시간 후에는 85%를 기억하고 3일 후에는 65%를 기억한다.

홀로서기에 성공한

6장

사람들의 이야기

누구에게나 위기는 올 수 있다. 위기를 피해서 도망가는 사람만 더 힘들 뿐이다. 체면과 자존심도 중요하다. 그러나 그것이 위기를 이겨내는 데 장애가 된다면 과감하게 떨쳐버리거나 잠시 다른 곳에 숨겨두기를 권한다.

하나님은 공평하게 나누어주셨다.

당신 속에 잠들어 있는 능력을 발견해야 한다.

경험했거나 해보고 싶었던 일 중에서 가장 신명나게 할 수 있는 것이 무엇인가를 찾아서 도전할 가치가 있다면 올인하기 바란다.

01

나는 그냥 스테디셀러 강사가 좋다

이의용(중앙대학교 겸임교수)

인생의 중간 평가

나는 강의하는 게 참 좋다. 내가 발견한 새로운 세계를 전해주고, 사람들이 그걸 받아들이고 변화하는 게 참 좋다. 세상에 이런 취미 활동이 어디 있을까? 글을 쓰는 일이나 방송을 하는 일도 이와 비슷하다. 그렇지만 한 공간에서 눈을 마주하면서 함께 커뮤니케이션을 할 수 있다는 점이 다른 것에서 찾을 수 없는 강의의 매력이다.

꽤 오래 전에 원고를 청탁받은 일이 있다. 주제는 '20년 전에 생각한 나의 직업'에 관한 것이었다. 어느 날 밤, 이 주제를 놓고 컴퓨터 앞에 앉았다. 내 생각의 시계는 어린 시절로 돌아갔다. 아주 어린 시절부터 중학생, 고등학생, 그리고 대학생 시절 내가 품었던 꿈이 무엇인지 돌이켜 생각해보았다.

나는 어린 시절부터 그려온 꿈들을 하나씩 적어 내려가기 시작했다. 지휘자, 교수, 저술가, 편집장, 방송인 등등. 그러다가 나는 현재의 내 모습을 보며 깜짝 놀라지 않을 수 없었다. 그러한 꿈들이 삶 속에 이미 구체적으로 이루어졌기 때문이다.

가정환경 때문에 일찌감치 지휘자가 되는 것을 포기했지만, 비록 아마추어이긴 해도 이미 나는 40년이 넘게 합창 지휘자로 활동하고 있다. 대학 4학년 때 취업을 택하면서 교수가 되는 꿈도 접었지만, 이미 17년 전부터 대학에 출강하며 제자들을 가르치고 있다. 이미 20년 전에 수필가로 등단하여 33종의 저서를 펴냈으니 작가가 되었고, 기업 홍보실에서 사보와 인연을 맺은 이래 여러 가지 잡지를 만드는 편집장도 되었다. 기회가 날 때마다 라디오와 텔레비전 방송의 진행자로 일해오고 있으니 방송인도 되었다.

식구들이 잠든 어느 날 밤, 나는 내 꿈을 중간 결산하면서 감사의 눈물을 흘리지 않을 수 없었다. 모든 꿈이 이뤄졌기 때문이다. 살아오면서 꿈을 얼마나 이루었는지 한 번도 결산해보지 않았는데, 그때 내게 그런 원고를 청탁한 이가 얼마나 고마웠는지 모른다. 여러분도 어릴 적 자신이 가졌던 꿈이 얼마나 이루어졌는지에 대해 한 번 조용히 중간 결산을 해보기 바란다.

28년간의 준비

　나는 지금 대학과 기업, 지방자치단체 등에서 PR, 변화와 혁신, 커뮤니케이션, 셀프 리더십 등을 강의하고 있다. 남들이 어떻게 평가하는지는 잘 모르겠지만, 나름대로 많은 보람을 느끼며 열정을 가지고 강의하고 있다.

　내가 본격적으로 '강의'와 인연을 맺은 것은 대학 입시를 준비할 때였던 것 같다. 당시 나는 가정환경이 어려워 아르바이트를 하면서 어렵게 공부를 하고 있었다. 광화문에 '세종학원'이란 데가 있었는데, 『수학의 정석』 시리즈로 유명한 홍성대 선생을 비롯하여 그야말로 당대의 명강사들이 그곳에서 강의하고 있었다. 나는 그곳에서 여러 명강사들을 가까이에서 도우며 그들이 강의하는 기법을 익힐 수 있었다.

　대학에 진학한 후에는 학비를 벌기 위해 입시 학원에 나가 강의하거나 과외를 하면서 명강사들에게 배운 기법을 많이 활용하였다. 직장에 들어가서도 업무 시간에 짬을 내어 사내 연수원에 출강하기 시작했다. 그러다가 회사의 허락을 받아 대학에도 출강하게 되었다. 외부 기업체나 연수 기관에서 강의 요청이 쇄도했지만, 조직원으로서 한계를 지켜야 했다. 그래도 짬을 내고 눈치를 봐가며 꾸준히 출강을 해오다가 2004년 초 27년 반의 직장 생활을 정리하고 강의에 본격적으로 뛰어들었다.

　직장 생활을 하면서 나는 내가 일하는 분야에서 최고 전문가가 되기 위해 엄청난 노력을 했다고 자부한다. 입사 초기에 몇 가지를 결심했다. 첫째는 1년에 책 한 권씩을 쓰겠다고 다짐했다. 그리고 그 결심대로 28년 동안 28종의 저서를 내고 직장 생활을 마무리했다.

둘째는 직장에서 '잘리지 말고' 내가 직장을 '자르자'고 다짐했다. 나는 첫 직장에서 24년, 다른 두 곳에서 4년을 일했는데, 세 경우 모두 직장에서 잘리지 않고 내가 직장을 그만 두었다. 사표를 수리해주지 않아 몇 개월씩 기다리는 즐거움(?)도 누릴 수 있었다.

셋째, 직장에서 최고의 전문가가 된 후 적당한 시기에 프리랜서가 되어 가르치는 일을 하면서 살자고 다짐했다. IMF 사태로 그 시기가 좀 늦어지기는 했지만, 소프트 랜딩에 성공하여 활동하고 있다.

지금 생각해보면 안정된 직장을 그만두는 일이 가장 힘들었던 것 같다. 직장에서 이룰 꿈은 직장에 남아 이뤄야 하지만, 직장 밖에서 이뤄야 할 꿈은 직장을 나와야 성취가 가능하다. 그러나 평생 일해 온 안정된 직장을, 더구나 나가라고 떠밀어내지도 않는 직장을 스스로 걸어 나오기란 결코 쉽지 않다. 나도 어렵게 결정하여 사표를 냈는데, 막상 수리를 해주지 않자 마음이 흔들렸다. 그대로 결행을 해야 하느냐, 계속 다녀야 하느냐로 몇 달을 고민해야 했다. 그래도 미련을 버리고 그만둘 수 있었던 것은 오랫동안 가꾸어온 꿈에 대한 확신 덕분이었다. 그 꿈은 물론 직장 생활을 하면서 다져온 강의를 전적으로 하는 것이었다. 퇴직 후 당장은 주머니 사정이 어려워졌지만 곧 복구되기 시작했다.

연예인을 닮아가는 강사들

나는 '명강사'라는 말을 좋아하지 않는다. 유명해지는 것은 결과이지 목적이나 목표가 될 수가 없다고 생각하기 때문이다. 물론 명강사가 되면 활동 영역이 넓어지고 수입도 많아진다. 그러나 유명해지기 위해서는 많은 대가를 지불해야 하는 것도 사실이다.

한때 '금주의 인기가요'라는 텔레비전 프로그램이 있었다. 매주 인기 가요의 순위를 정하는 것인데, 순위에 들기 위해 가수들의 경쟁이 매우 치열했다. 인기를 먹고 사는 이들은 시시각각 변하는 사람들의 사랑을 잃지 않기 위해 매일 사투를 벌여야만 한다. 방송국에 가보면 연예인의 매니저들을 자주 볼 수 있다. 그들은 PD들의 눈에 들기 위해 온종일을 방송국에서 지낸다. 오늘도 젊은 강사들이 더 유명해지기 위해 연예인들의 매니저처럼 여기저기를 기웃거리는 것을 볼 수 있다. 그러나 나는 그런 행동이 조금은 어리석은 짓이라고 생각한다.

'명강사가 되는 것'을 목표로 삼으면 자기 이름을 빨리 세상에 알리는 데 주력하게 된다. 그래서 연예인들처럼 이상한 복장을 하거나 이상한 목소리를 내기도 한다. 그리고 부족한 실력을 과대 포장하기 위해 많은 비용을 들인다. 그러나 밤하늘의 별스타은 아침이 되면 아무런 빛도 발하지 못한다는 사실을 알아야 한다.

'금주의 인기가요'라는 말이 보여주듯 인기는 '금주'마다 달라지는 특성이 있다. 인기의 수명은 너무 짧다. 베스트셀러의 수명도 생각보다 짧다. 베스트셀러보다는 스테디셀러steadyseller 같은 강사는 어떨까?

나는 스스로를 명강사라고 생각해본 적이 없다. 오히려 나는 '스테디셀러 강사'가 되려고 한다. 스테디셀러 강사는 이름이 잘 알려진 '명名' 강사가 아니라 명확히 전달을 하는 '명明' 강사이고, 당장 눈에 띄는 '신新' 강사가 아니라 믿음이 가는 '신信' 강사이다.

명강사의 세 가지 요건

토끼와 거북이라는 제목의 우화에 의하면, 토끼는 자신의 경쟁자 거북이를 우습게 보다가 경주에서 우승하지 못했지만, 거북이는 비록 느리기는 해도 목표를 향해 꾸준히 노력하여 결국 우승했다. 스테디셀러 강사는 바로 이러한 거북이에 비유할 수 있다. 스테디셀러 강사가 되려면 다음 세 가지를 잘 기억하고 준비해야 한다.

왜

왜 강사가 되려고 하는지를 명확히 해야 한다. 부자가 되기 위해서든, 유명해지기 위해서든, 가르치는 보람을 느끼기 위해서든 목적을 명확히 해야 한다. 즉 강의를 하는 분명한 이유가 있어야 한다. 강의를 해야 할 이유라는 땔감이 가슴에서 활활 타올라야 강의가 살아난다. 그런 땔감이 있는 강사는 목소리가 다르고 눈빛이 다르고 가슴의 두근거림이 다르다. 강사의 가슴이 활활 타올라야 수강생들의 가슴도 그 열기로 뜨거워진다. 강사의 가슴 속에서 타오르는 열정은 수강생도 살리고 강사 자신도 살린다. 강사의 냉가슴이 수강생의 가슴을 뜨겁게 한 사례는 어디에도 없다. 그러나 강사 혼자 열을 받아서는 안 된다. 정작 열을 받아야 할 사람들은 수강생이기 때문이다.

무엇을

무엇을 가르칠 것인지를 준비해야 한다. 말을 잘 못하는 가장 큰 원인 중 하나는 할 말이 없다는 것이다. 영화를 보고 와서 다른 사람에게 영화 얘기를 하는 사람이 있는가 하면, 아무 말도 하지 않는 사람이 있다. 영화를 보며 생각하고 느낀 것이 많은 사람은 다른 사람에게 말을 하게 되어 있다. 그러나 아무 생각도 하지 않고 영화를 본 사람은 다른 사람에게 해줄 이야기가 없기 마련이다.

강의를 잘하려면 '할 말'을 잘 만들어내야 한다. 무엇보다 사색의 넓이와 깊이를 더해가야 한다. 내가 자주 사용하는 말 중에 이런 것이 있다.

"사색思索 하라. 그렇지 않으면 사색死色이 될 수 있다."

스스로 생각하고 느끼고 겪어야 남에게 할 말이 생긴다. 다른 사람이 생각하고 느끼고 겪은 일을 조합해서 전달한다면 그건 지식과 정보에 지나지 않을 뿐 메시지는 되지 못한다.

좋은 콘텐츠를 만들어내지 못하면 언제나 앵무새 같은 강의로 일관하다가 일찍 수명이 다하게 된다. 꾸준한 독서와 정보 수집은 사색이라는 펌프의 물을 끌어 올려주는 마중물펌프에서 물이 잘 나오지 않을 때 물을 끌어올리기 위해 위에서 붓는 물과 같다. 나는 같은 주제의 강의라도 항상 내용을 업그레이드한다. 그래서 같은 주제의 강의를 나에게 다시 듣는 사람들은 놀라워한다. 강사는 그래야 살아남을 수 있다.

70세가 된 어느 노교수에게 제자들이 물었다.

"선생님은 수많은 저서를 내셨는데 그 중 어느 책이 제일 마음에 드세요?"

노교수는 잠시 생각하더니 이렇게 말했다.

"바로 이번에 나올 책!"

노교수의 대답은 이미 나온 책은 옛날 이야기가 적혀있기 때문에 가장 최신 내용을 담은 새 책이 맘에 든다는 뜻이다.

어느 대학 총장이 졸업식장에서 이렇게 말했다.

"제군들의 졸업을 축하합니다. 4년간 수고했습니다. 그런데 어떡하지요? 여러분들이 4년간 공부한 것 중 4분의 3은 그 사이에 쓸모가 없어졌으니 말입니다."

세상은 이러한 말이 나올 정도로 급변하고 있다. 그러므로 가르치는 사람은 늘 새로운 것으로 내용을 업그레이드하지 않으면 안 된다. 그래야 수강생을 업그레이드할 수 있기 때문이다.

"강의는 의미가 있어야 한다. 강의는 재미가 있어야 한다. 의미도 재미도 없으면 빨리 끝내야 한다."

어떻게

어떻게 가르칠 것인지를 알아야 한다. 교육 환경은 급격하게 변하고 있다. '교수법'이라는 말은 언제부터인가 '학습법'이라는 말과 동의어가 되었고, 학습의 주체는 교수자에서 학습자로 바뀌어가고 있다. 그리고 일방적 주입식 방법이 쌍방적 참여 방법으로 변해가고 있다. 가르친다는 개념은 이제 커뮤니케이션한다는 말로 대치되고 있다.

교육 미디어가 다양해지고 첨단화되면서 강의 환경도 크게 달라지고 있다. 칠판과 분필은 빔 프로젝터와 인터넷에 완전히 떠밀려나고 말았다. 시간과 공간이라는 한계도 허물어지고 있어서 언제어디서든 마음만 먹으면 공부할 수 있게 되었다. 좋은 콘텐츠만으로는 효과를 거두기가 어려운 시대이다. 유통 과정도 그만큼 중요해졌기 때문이다. 좋은 강사가 되려면 좋은 커뮤니케이터가 되는것은 물론 커뮤니케이션 미디어를 능수능란하게 다룰 줄 알아야한다.

명강사가 되는 것보다 더 중요한 일

강사는 참 매력 있는 직업이다. 무엇보다 자신이 일을 선택할 수있고 시간도 선택할 수 있어서 좋다. 평생 남이 시키는 일만 하다가세월을 다 보낸다면 얼마나 허무하겠는가. 주어진 일을 하기보다자신이 선택한 일을 할 때 기쁨과 보람도 더 클 것이다.

강의 활동이 직장인, 개인과 기업, 나아가 국가의 경쟁력을 강화하는 일이라는 것도 매력적이다. 젊은 직장인들이나 대학생들은 내가 가장 아끼는 수강생들이다. 기업 경영의 핵심에서 누구보다도 창조적으로 직장 생활을 해 온 나로서는, 그 경험을 후배들과 진지하게 나눔으로써 그들의 인생이 더욱 풍성해지도록 돕고 싶다. 그래서 나는 "많은 사람을 옳은 데로 돌아오게 한 자는 별과 같이 영원토록 비취리라."라는 성경 말씀을 좋아한다.

명강사를 꿈꾸는 이들이여, 무엇이 되는 것what to be보다 무엇을 하느냐what to do가 더 중요하다. 명강사가 되기보다 명강사가 되어 무엇을 할지를 분명히 해야 한다. 이름 없는 스테디셀러 강사면 어떤가? 진정한 스승이 없는 이 시대에 한두 사람만이라도 "선생님 덕분에 제 인생이 달라졌습니다."라고 먼 훗날 고백한다면 그 기쁨을 어디에 비교하겠는가? 명강사가 되는 것 이상의 더 큰 꿈을 품기 바란다.

02

서비스를 돈으로 만드는 여자

박영실(박영실 서비스 파워 아카데미 원장)

철학

나의 인생철학은 수신제가 치국평천하 修身齊家 治國平天下 : 마음과 몸을 닦고 집안을 바로 다스린 후 나라를 다스리고 천하를 평정한다는 뜻이다.

더불어 사는 이 사회가 행복해진다면 이 사회에 일원인 우리도 보다 행복해질 것이다. 친절과 서비스는 향수와 같다. 향수를 뿌리면 주변도 향기로와지지만, 가장 향기로와지는 것은 역시 향수를 쥐고 있던 손이다.

친절과 서비스도 마찬가지이다. 친절과 서비스를 베풀면 상대도 행복해지지만 사실은 자신이 가장 행복해진다. 자신이 베푼 친절과 서비스에 대해 말로든, 눈빛으로든 상대가 감사를 표현하면 보람을 느끼게 된다. 그러면 다음 사람에게도 더 잘해주고 싶은 의욕과 원동력이 생긴다.

그래서 친절은 돌고 돈다. 행복한 마음이 가득한 사람들이 많은 조직에 가면 행복 바이러스에 금방 감염되는 것은 이러한 이유 때문이다.

서비스 컨설턴트의 정의

나는 삼성 에버랜드 서비스 아카데미 과장과 신라 호텔 서비스 아카데미 과장으로 11여 년 동안 활동한 후 2002년에 내 이름을 걸고 박영실 서비스 파워 아카데미(주)를 설립했다.

나는 내가 하는 일이 '꿈을 만들고, 꿈을 실현하는 것' 이라고 생각한다. 서비스 컨설턴트라는 나무는 줄기가 크게 두 개라고 볼 수 있다. 그 중 한 줄기는 내적 이미지인 마인드 변화를 추구하는 서비스 컨설팅이고, 다른 한 줄기는 외적 이미지인 표정 및 태도, 의상 코디 등의 변신을 추구하는 이미지 컨설팅이다.

우선 서비스 컨설턴트는 기업의 목적인 이윤 창출을 위해서는 고객을 어떻게 만족시켜야 하는지를 보다 구체적인 서비스 방법으로 제시하는 등의 전반적인 컨설팅을 해준다. 아울러 조직원들이 내·외부 고객에게 왜 친절해야 하는지, 왜 서비스가 기업 경영에 필수

인지, 더 나아가 그 친절과 서비스가 자신에게 어떠한 긍정적인 영향력을 미치는지에 대해 알려주고, 그에 따른 마인드 변화와 확립이 필요하다는 것을 일깨워준다.

일반적으로 서비스 컨설턴트는 강의를 통해 사람의 마음속에 친절에 대한 공명共鳴을 전해야 하므로 열정적인 에너지를 발산하는데, 이것이 이 직업이 주는 가장 큰 매력 중 하나이다. 긍정적이고 열정적인 에너지를 남들에게 전달하려면 자신의 마음가짐과 태도가 일반인들보다 몇 배 더 긍정적이고 열정적이어야 한다. 결국 서비스 컨설턴트는 타인을 행복하게 하려고 노력하는 과정에서 자신이 더 행복해지는 직업이다.

이번에는 이미지 컨설턴트로서 역할을 말해보겠다.

많은 사람들이 꿈을 이루기 위해 내면적인 실력을 쌓는 데 많이 투자한다. 그런데 그 내면의 실력이 눈에 보이지 않으면 어떨까? 더욱이 당신이 들어가고 싶은 회사의 면접관은 당신의 능력을 100% 꿰뚫어보는 천리안을 아쉽게도 갖고 있지 않다.

많은 사람들은 외적 이미지를 통해서 사람의 내면적인 능력을 서둘러 판단하고, 그것이 확실히 맞다고 믿는 경향이 있다. 자신의 판단이 옳다고 믿고 싶기 때문이다.

그러므로 자신의 능력과 성향의 100%를 외적으로 고스란히 끌어내어 효과적으로 표현하는 것이 절대적으로 필요하다. 그것이 바로 이미지 메이킹이고, 이미지를 제대로 만들어주는 것이 나와 같은 이미지 컨설턴트들이 하는 일이다.

1995년쯤 한 청년이 어두운 표정으로 우리 사무실에 찾아와 문의

했다.

"제 얼굴은 왜 이렇게 조직폭력배처럼 무섭고, 표정은 왜 또 이렇게 어둡습니까?"

그 청년은 회사에 면접을 볼 때마다 번번이 떨어진다고 했다. 남들보다 억척같이 노력해서 실력을 부쩍 올려놓았는데, 내가 들어도 그 청년의 처지가 참 안타까웠다.

그런데 사실 그 청년은 덥수룩한 머리에 마치 화가 난 사람처럼 보였다. 어깨는 처져 있고, 옷은 몸에 맞지 않게 너무 크고, 표정은 어둡고, 말씨는 무척이나 투박하고 고압적이었다. 그 청년이 들어가고 싶은 회사는 깔끔하고 친근한 이미지가 절대적으로 필요한 항공사였으니, 그 청년의 꿈과 실제 이미지 사이에는 엄청난 거리가 있었다.

그래서 일단 나는 그 청년에게 머리 모양을 깔끔하게 정리하라고 제안했다. 그리고 사람을 대할 때 자연스럽고 편안하게 시선을 처리하며 미소 짓는 방법 등을 알려주고 체득하게 했다. 그 후에는 발음과 억양을 부드럽게 연습하게 하여 말씨에 변화를 주었다. 그 청년에게 어울리는 색깔로 몸에 잘 맞는 정장을 골라 입히고 세련된 걸음걸이와 자세 등을 익히게 하였다. 정말 힘든 과정이었지만 열심히 훈련한 결과 그 청년은 지금 하늘을 날면서 여러 고객에게 자신의 꿈을 펼치고 있다.

이처럼 고객이 원하는 일에 어울리는 이미지를 만들어줌으로써 결국 그 사람의 꿈을 실현하는 데 도움을 주는 역할이 이미지 컨설턴트가 해야 할 일이라고 생각한다.

요즘은 취업 준비생뿐만 아니라 CEO의 이미지도 점점 중요성이 대두되고 있는 만큼, CEO의 인터뷰 기술 및 포토세션 등 이미지 컨설팅 수요가 점점 많아지고 있는 추세이다.

서비스 컨설턴트의 비전

21세기는 서비스와 이미지 시대라고 해도 지나친 말이 아닐 정도로 서비스와 이미지화 바람이 일고 있는 것이 사실이다. 더욱이 환경이 급변하고 직업이 전문화되어 가면서 사람들은 행복의 가치와 외모에 관심을 갖게 되었고, 영상매체의 발달은 이러한 욕구를 더욱 가중시키고 있다.

사람들이 이러한 욕구를 충족할 수 있도록 내·외적 이미지를 만들어주는 직업이 바로 서비스 컨설턴트라고 할 수 있다. 어차피 하는 일을 보다 신바람 나게 할 수 있는 마음 관리 비법을 전수해줄 뿐 아니라 개개인에게 숨겨져 있던 아름다움을 바깥으로 꺼내주는 것이니만큼, 그야말로 행복과 꿈을 키워주는 직업이라 할 만하다. 평소 미적 감각과 관찰력, 분석력이 뛰어나고 누군가를 행복하게 하는 일 자체를 즐기는 사람이라면 그야말로 이쪽 분야에 길이 활짝 열려 있다고 말하고 싶다.

서비스 컨설턴트를 꿈꾸는 사람들에게 전하고 싶은 조언과 동기 부여

서비스 컨설턴트에게 가장 중요한 것은 누군가에게 행복에 대해 가르치고 좋은 이미지를 만들어줄 수 있는 자격이 있느냐는 사실이다. 자신이 행복해야 미소와 친절이 나오고 밝은 이미지를 보여줄 수 있기 때문이다. 그래서 나는 내 마음을 관리하는 데 특히 신경을 쓴다. 행복해지려고 애를 쓰는 것이다.

행복한 사람에게는 두 가지 공통점이 있다. 첫째는 자신이 하는 일에 자신감을 갖고 있는 것이고, 둘째는 여유로운 마음으로 주변을 돌아보는 것이다. 행복한 사람들은 주변을 돌아보면서 관심과 배려를 표현한다. 다시 말해 친절과 서비스를 베푼다.

결국 친절과 서비스를 베푸는 것은 '나는 행복하다.' 라고 외치는 것과 다르지 않다. 하지만 그런 마음 관리가 쉬운 것만은 아니다. 그래서 나는 강의를 하기 전에 우선 거울을 보면서 미소를 지어본다. 웃다 보면 자신도 모르게 진짜 웃게 되는 경험을 누구나 한번쯤은 해보았을 것이다. 반대로 어린 아이들이 일부러 투정부리려고 울다가 나중에는 진짜 흐느끼면서 서럽게 우는 모습도 보았을 것이다. 어떤 이미지를 만들어야 할지는 상황에 따라 자신에게 맞는 것을 선택해서 사용하면 된다.

마음을 행복하게 하려면 가능한 한 긍정적인 생각을 많이 하도록 하자. 자신의 몸과 마음을 밝게 만드는 것이 즐거운 사람은 서비스 컨설턴트가 되는 것에 한번 도전해보기 바란다. 문은 활짝 열려 있다.

직업 환경이 많이 어려워지고 기업은 날로 더욱 많은 퇴출을 계획하고 있다. 만약 당신에게 어려운 환경이 닥치더라도 두려워하지 말고 차분하게 자신의 강점을 점검하기 바란다. 자신의 강점을 찾아서 에너지를 집중하고, 그 분야의 전문 멘토를 만나서 도움을 요청하는 것도 좋은 방법이다. 홀로서기를 두려워 말고 용기와 자신감을 갖고 예전보다 더 많이 노력하면 성공할 수 있다고 자신을 믿길 바란다.

03

강의는 내게 에너지 충전원이다

최상수(서울여자대학교 겸임교수)

대타 강사가 진짜 강사가 되다

나는 매달 다양한 기업체의 수많은 임직원들과 만난다. 그것은 내게 가장 큰 기쁨이고 즐거움이다. 그 만남은 나라는 상품brand에 대해 프레젠테이션하는 가장 확실하고 커다란 마케팅 현장이기도 하다.

아무리 스케줄이 바빠도 빼놓을 수 없는 것은 매달 2~3개 대학에서 하는 초청 특강이다. 최소 인원이 300명 이상인 대중 강연인데다 전국에서 초청하는 것이므로 2시간을 강의하기 위해 나는 하루를 바치는(?) 열정도 마다하지 않는다. 학생들의 순수한 몰입과 참여는 내게 많은 힘을 공급해준다. 나는 그들에게 그들이 갖고 있는 내면의 무한한 능력을 발견하게 하고 올바르게 사는 삶의 원칙을 그들과 공유한다.

내가 대학을 졸업하고 처음으로 기업체에 입사해서 한 일은 인사부서의 교육 업무이다. 그때 많은 시간을 연수 현장에서 보내면서 그 시대 최고의 명강사들이 하는 강의를 직접 접한 결과 학교에서는 배울 수 없었던 다양한 내용을 알게 되었다. 그러던 어느 날 어느 유명 강사가 갑작스럽게 결강을 하게 되어 할 수 없이 내가 대타 강사가 되어 강의를 하게 되었다. 교육생들의 반응은 나를 바로 사내 강사로 끌어들이게 했다.

그 후로 나는 인사 업무를 떠나 마케팅, 기획 그리고 그룹 종합 조정실에서 경영혁신과 의식혁신 업무를 하면서도 꾸준히 그룹 연수원에 출강하게 되었다. 사내 출강은 나의 독서량을 증가시켰고 자기계발에 심취하게 했다. 또한 미국뿐 아니라 캐나다, 일본 등에서 몇 개월씩 하는 관리자 연수 프로그램에 참가하게 했다. 리더십과 시간 관리를 강의하고 있던 즈음 과연 나는 얼마나 소중한 것에 시간을 할애하고 있는지, 또한 리더십의 원칙대로 실천하고 있는지 자문하여 보았다. 회사 차원에서는 내가 대단히 중요한 일을 하고 있었는지는 몰라도, 나는 자신과 가족을 위한 새로운 도전에 대한 유혹을 물리칠 수 없었다.

병아리는 스스로 자기 알을 깨고 나온다

"계란 속에 있는 병아리는 그 안에 있을 때가 가장 편안하고 익숙하겠지만, 그 세계를 깨고 나와야 새로운 생명을 얻을 수 있다. 스스로 알을 깨지 못하면 병아리는 그 속에서 죽게 된다. 차라리 다른 용도로 사용하면 좋았을 텐데 아무짝에도 쓸모가 없어지고 만다."

이 이야기가 나를 변화시켰다. 나는 가장 익숙하고 편안했던 그리고 자부심마저도 느끼고 있던 환경을 스스로 깨기로 마음먹었다.

그리고 39살이었던 해 12월 31일에 직장을 그만두고 40살이 되던 해에 가장 조용하고 자연이 살아 숨쉰다는 뉴질랜드로 가족과 더불어 떠났다. 인생 최대 절정기에 그 기간을 최고의 재충전을 위한 기회로 삼아 그동안 바빠서 하지 못했던 소중한 것을 하기로 마음먹었다. 물론 주변에서는 많은 반대가 있었다. 곧 IMF가 왔고 사람들은 더욱 나를 부러워했다. 당시 나는 다행히 조직 운도 조금 있어서 몇 번의 부서 이동에도 발탁되는 혜택을 보았고 항상 조직 지향적인 존재로 인정을 받고 있었다.

나는 인구가 많지 않고 괜찮은 대학이 있는 뉴질랜드 중소도시의 조용한 곳에 안착했다. 이미 그전부터 아침, 저녁으로 참선과 명상을 즐기고 있었는데, 그곳에서도 참선과 명상으로 새벽을 열었다. 그리고 인구 9,000명당 한 개씩 만들었다는 골프장을 적절히 활용하며, 많은 시간을 대학에서 그리고 가족과 함께 보냈다. 집에서는 넓은 정원을 활용하여 모든 채소를 자급자족하였다. 채소를 가꾸기도 하며 자연 속에서 보내는 생활은 내게 새로운 지혜와 깨달음을 주었다. 그렇게 5년이 흘렀다.

　뉴질랜드 생활에서 얻은 가장 큰 수확은 마인드 파워 분야의 세계 최고 스승인 존키호 선생을 만난 것이다. 나는 당시 최고의 베스트셀러였던 그의 책 『Mind Power』에 반했었다. 나중에 이 책은 내가 한국어로 번역 출간하여 한국에서도 종합 베스트 10에 들어가는 베스트셀러가 되었다. 존키호 선생의 세미나와 개인적인 멘토링은 내게 많은 변화와 통찰력을 체험시켜주었다. 그의 가르침을 내 삶에 적용하자 모든 것이 몰라보게 달라졌다. 예전에는 우연히 일어났다고 믿었던 것들이 내 생각과 마음에 의해 결정된 것이라는 사실을 새롭게 깨닫게 되었다. 결국 나는 그 프로그램을 전격 도입하여 한국에 보급하게 되었다.

　내가 좋아하는 말 중에 하나가 "Do right things."이다. 이 말은 "올바른 일을 하라."는 뜻이다. 빨리빨리 많은 일을 하는 것이 중요한 것이 아니라 올바로 제대로 된 일을 하는 것이 중요하다는 얘기이다.

　그런데 많은 사람들은 자신도 모르게 "Do things right."를 선호하는 경향이 있는 것 같다. 이 말은 "주어진 일을 잘 해라."는 의미이다. "올바르든 그렇지 않든 시키는 대로 열심히 해라."라는 뜻도 내포하고 있다.

　전자가 21세기의 새로운 패러다임이라면 후자는 1970년대에서 1990년대까지 리더보다 관리자를 선호했던 시절의 패러다임일 것이다. 이제는 속도가 아니라 방향이 중요하다. 제대로 된 방향은 우리에게 믿음을 준다.

처세술보다는 원칙 중심이어야 한다

요즘도 많은 사람이 하는 말 중에 "상대방 이름을 외워라, 늘 칭찬을 아끼지 마라, 상대방의 장점만을 말해라." 등이 있다. 그러나 이런 좋은 말도 내면의 진심이 결여되었을 때는 얕은 처세술에 그치고 만다.

강의하는 사람은 분명한 자신의 존재 이유인 사명mission과 비전vision, 그리고 핵심 가치를 발견하고 실행할 수 있어야 강의에 열정과 에너지가 넘친다. 리더십이 있는 사람이 리더십을 강의할 때 강력한 힘을 발휘한다. 지식과 이론 중심적인 강의보다는 지혜롭고 체험적인 강의가 힘이 있다. 늘 명상과 재충전으로 내공을 쌓는 것이 더 강력한 힘을 갖게 하여 원칙 중심적인 마음을 강화시킨다.

나는 강의가 없는 날에는 동네 뒷산의 산책로를 자주 찾는다. 걸으면서 명상을 함으로써 마음 깊숙한 곳에서 우러나오는 평화와 행복감 그리고 통찰력을 얻는다. 이러한 것들은 강의장에서 열정으로 나타나곤 한다.

남을 돕는 일은 헌신과 열정을 낳는다

세상에는 많은 직업이 있겠지만, 즐기면서 남을 도울 수 있고 사회적인 가치로 존경받는 직업은 과연 얼마나 될까? 그런 의미에서 나는 나의 직업에 대해 대단히 만족하고 있다. 중국 속담에도 "귀로

들은 것은 잊게 되지만 눈으로 본 것은 기억이 되더라. 손수 해보니 이해가 되고 남에게 가르쳐보니 파악이 되더라." 하는 말이 있다. 남을 가르칠 때 가장 큰 혜택을 보는 사람은 다름 아닌 자신이다. 자신을 위한 일을 하면서 남을 도울 수 있고 경제적으로도 많은 보상이 주어지니 강사라는 직업은 얼마나 매력적인가? 이 직업은 정년도 없다. 투자할 것도 특별히 없다. 자신이 경험한 것과 가지고 있는 가치관과 철학 그리고 꾸준한 학습이 밑천이다. 그래서 노후에 가장 선호도가 높은 직종이 되기도 한다. 늘 독서하고 공부하다 보면 치매에 걸릴 염려도 적어진다.

내게는 명강의를 하기 위한 몇 가지 조건이 있다. 나름대로 현장에서 터득한 비법(?)이다.

강의를 일찍 끝내고 쉬는 시간을 많이 주어라

이 항목만 지켜도 강사에 대한 만족도는 80점이 넘는다. 강사는 교육생을 가장 편안하게 해주어야 한다. 아무리 좋은 명강의를 했다 해도 정해진 시간을 넘기는 순간부터 수강생들의 인상은 달라진다. 쉬는 시간은 15분 이상씩 주는 것이 좋다. 50분 강의하고 10분 쉬는 틀을 깨보는 것도 재미있는 일이다. 나는 점심식사 후 20분 동안 강의하고 20분을 쉬게 한 적이 있는데, 교육생들이 대단히 좋아했다. 교육생 중심의 강의를 진행해야 한다. 바로 이것이 고객에 대해 가져야 할 마인드이다.

아주 쉽게 강의하라

어렵게 강의하는 강사들에게 가서 물어보면 자신이 하는 강의 내용을 잘 알지 못하는 경우가 많다. 그러나 강사는 아무리 어려운 내용이라도 그 분야를 전혀 알지 못하는 초등학생이나 노인들까지도 이해시킬 정도로 공부하여 강의를 준비해야 한다. 마음에 깊이 녹아 있는 내용은 용해되어 아주 쉽게 나오기 때문이다.

많은 분량의 내용을 오랜 시간 강의하기보다는 짧지만 제대로 된 내용을 강의하라

어느 날 장마 후에 물이 새는 지붕을 고치러 올라간 두 사람이 있었다. 한 사람은 복장부터 신발까지 완벽하게 준비하고 신속하고 멋진 모습으로 사다리를 타고 올라갔다. 그러나 사다리가 잘못 놓여 있어서 남의 지붕에 올라가고 말았다. 안타깝게도 그 사람은 자기 집 지붕을 고치지 못했다. 그러나 또 다른 한 사람은 복장이나 신발도 제대로 준비되지 않았고 신속하지도 못했다. 그러나 사다리를 놓는 자리에는 많은 관심을 가졌다. 결국 이 사람은 조금 느리긴 했지만 지붕에 올라가서 자신의 집을 완벽하게 고칠 수 있었다.

이 이야기가 말해주듯이 강의도 초점이 맞아야 효력을 발휘한다. 진정으로 교육생이 원하는 제대로 된 내용으로 강사의 철학과 가치가 함께 전달되어야 교육생들이 감동하고 몰입한다.

교보재교육 훈련 보조 재료나 청중에 구애받지 마라

최근에 우리는 퍼실리테이터facilitator라는 말에 많이 익숙해져 있다. 이 단어는 말 그대로 강사를 지칭하며, 진행자, 촉진자, 조력자라는 뜻을 내포하고 있다. 퍼실리테이터는 강사 중심의 일방적 강의를 배격하고 참가자가 중심이 되어 참여하는 강의를 유도하기도 한다. 요즘 4박 5일이나 6박 7일 강사 양성 과정을 마친 사람들이 퍼실리테이터라는 자격으로 강의를 진행하는 경우가 많다(이 말에는 원저자의 의도를 절대 벗어나지 말고 강사가 준비한 교재에 나온 대로 하라는 의미도 포함되어 있다. 그래서 강사들은 매뉴얼과 파워포인트로 만든 자료에 의존하여 강의하고 있다). 교육 기자재, 즉 빔 프로젝터나 노트북이 말썽을 부릴 때 강의를 진행하기 어려운 것은 강의할 내용을 자기 것으로 만들지 못했기 때문이다. 의사 양성 과정을 4~5일 받았다고 해서 환자를 고칠 수 없듯이 말이다. 우리는 대개 그러한 사람을 돌팔이라고 한다.

일반적으로 제조업체에서는 경중의 차이는 있지만 불량률이 보통 3% 범위 내에서 발생한다고 한다. 이것은 사람의 경우에도 마찬가지이다. 사람도 100명이 모이면 3명 정도는 부정적이거나 관심이 없거나 거부하는 이가 있을 수도 있다. 어느 날 유독 그 3%에 해당하는 청중이 많이 모일 때가 있다. 그래도 명강사는 그들까지도 몰입하게 하는 기질을 발휘한다.

나는 다양한 업종의 많은 기업에서 다양한 사람들을 상대한다. 대기업뿐만 아니라 중소기업이나 공공 조직에서도 강의를 하며, 여러 형태의 만남으로 많은 것을 배운다. 그 많은 참가자들의 주옥같은 경험과 지혜는 매일 나를 거듭나게 한다. 그 많은 사람들의 눈빛 속에서 나는 에너지를 받는다. 오랜 시간 강의를 하다 보면 기를 빼앗긴다는 말들을 하지만, 나는 반대로 강의장에서 에너지를 받는다. 그래서 강의할 때가 가장 신나고 좋다. 사실 나는 내가 강연장에서 주는 것보다 더 많은 것을 받고 있음을 고백하지 않을 수 없다. 그래서 나는 강력하게 주장한다. 강사가 되는 것이 얼마나 축복받는 길인지를!

강의가 끝난 후 기립 박수를 받거나, "선생님 덕분에 제 인생이 변화되었습니다. 정말 감사드립니다."라는 이메일을 받을 때, 이 세상 어떤 것이 그 순간보다 더 행복할 수 있겠는가?

강의하는 목적이 오로지 돈벌이라면 한 번 고려해보길 바란다. 돈이 목적이라면 강의가 대단히 힘든 일이 될 수도 있기 때문이다. 강의로 벌어들이는 월 소득이 몇 천만 원 이상 되고 어느 정도 풍요로운 생활을 하면서도 늘 불평하고 힘들어 하는 사람을 종종 본다. 아무리 많은 돈을 번다 해도 강의하는 목적에 따라 모든 것이 달라질 수 있다. 오로지 돈만 보고 그 외의 것은 적당히 처세술에 따라 사는 삶은 오히려 자신을 힘들게 한다.

만약 이 글을 읽는 독자 여러분이 일반 기업체에서 근무하는 분이라면 사내 강사가 되는 일에 적극 도전해보길 권한다. 자기를 계발하는 최고의 방법이 될 수 있기 때문이다. 기업 내에서 어느 정도 높은 직위를 얻으려면 유창한 프레젠테이션 기술과 커뮤니케이션 능력이 필요하다. 사내 강의가 그것에 대한 최고의 해답을 줄 것이다.

자유로운 분위기에서 좀 더 가치 있고, 행복하고, 풍요로운 직업을 원하는 사람이 있다면 주저 없이 강의 전문가가 되기를 권한다. 단, 자신이 추구하는 핵심 가치와 미션, 비전과 맞는지를 검토해보아야 할 것이다. 세상 사람 모두가 자신이 가진 무한한 능력을 발견하고 발휘할 수 있도록 도와주는 잔치에 여러분을 초대하고 싶다.

04

내 인생의 성공 스토리

최병도(뉴욕생명보험 지점장)

진정한 성공이란 무엇일까? 누구나 경험이 있을 테지만, 살면서 처음 성공이란 것을 느낀 때는 시험을 치른 후가 아닐까 생각한다. 내게는 중학교 첫 시험에서 전교생 앞에서 당당히 성적 우수상을 받았던 기억이 있다. 어린 마음에도 그 맛이 어떤 것인가를 알았기에 나름대로 큰 감동을 느꼈다.

첫 직장으로 종합상사에 입사한 후에도 작은 성공의 기쁨을 맛보았다. 사내 평가 결과 회사에 조금이나마 기여한 것을 인정받아 입사 동기 48명 중에서 높은 성적으로 상을 받았다. 그것은 회사 생활에 대한 자신감과 자부심을 느끼게 해준 경험이었다.

그러나 5년 반의 대기업 근무는 영업 조직의 한계를 절실히 느끼게 해주었다. 그것을 극복하고 나만의 아이디어로 새로운 기업 대표가 되고 싶은 마음이 강렬히 일어났다. 나는 안정된 직장을 버리고, 헤드헌팅 전문 기업에 이력서를 들고가서 인력 시장의 개인 경쟁력 평가를 의뢰했다. 나 자신에 대한 믿음과 용기가 없었다면 불가능했을 일이다.

그 결과 나는 6개 회사 중에서 1개 회사를 선정하여 면접을 보았다. 다음날 바로 스카우트 제의를 받은 것도 세상이 내 능력을 인정하도록 만든 작은 성공이라 생각한다.

성공하는 CEO가 되는 것을 목표로 하여 하루 4시간씩 자면서 유럽과 미국 시장을 개척하기 위해 열정으로 온몸을 불태웠던 기억도 새삼스럽다. 한 달 뒤 과로로 쓰러진 일도 색다른 경험이었다. 3년 2개월에 이르는 중소기업 생활은 진로를 중국 시장 진출로 수정하면서 종지부를 찍었지만, 기업 경영의 어려움과 직원들의 처지를 절실히 느낄 수 있었던 소중한 인생 공부가 되었다.

모든 것을 정리한 후 나는 무엇을 할 수 있을까 생각해보았다. 나의 가장 강력한 무기가 무엇인지, 내가 살아온 인생 경험을 살리려면 무슨 일을 해야 할지 유통업과 금융업을 놓고 고민하다가 무자본으로 뛰어들어도 위험이 가장 적은 '생명보험업'을 하리라 결심했다. 왜냐하면 나의 무기는 부단한 인생 경험으로 만들어진 '성실'과 '인내', '열정'과 '솔직함'이고, 그것이 생명보험업에서는 가장 큰 성공을 이룰 것이라 생각했기 때문이다.

처음 한 달은 시행착오가 있어서인지 가장 낮은 급여를 받았다. 그러나 그 해 연말정산에서 지점 내 대상을 받은 것을 시작으로 4

년 연속 지점에서 대상을 받았다. 뿐만 아니라 MDRT백만 달러 원탁 회의를 4년 연속 달성했으며, 각종 컨벤션 수상, 해외 부상 등의 큰 성공을 거두었다. 시상으로 얻은 영예는 나를 생명보험업의 1등 영업인으로 대내외적으로 알려지게 하는 계기가 되었다.

그러면 오늘의 내가 성공한 비결은 과연 무엇일까? 한 단어로 모두 말하기는 어렵다. 그러나 가장 중요한 것은 진실한 마음으로 삶을 대하는 태도가 아닌가 한다. 모두가 아는 진부한 말이기도 하지만, 사실 그것이 모든 것에 가장 기본이 된다. 진실한 마음으로 삶을 대하면 남을 배려할 수 있다. 배려는 남들에게 닥친 문제를 파악해내는 통찰력과 문제 해결 능력을 갖게 한다. 나아가 평생 고객을 만들고, 그들을 섬기고자 하는 마음과 행동을 만들어준다.

또 중요한 것은 자신이 세운 목표와 비전을 향해 나아가는 강력한 추진력이다. 목표를 향하여 안으로는 자신과의 싸움에서 지지 않으려는 의지와 밖으로는 세상과의 싸움을 포기하지 않는 끈질긴 마음이 있어야 한다.

항상 배우려는 자세도 중요하다. 대학원에 진학하거나 각종 세미나에 가는 것, 사회 교육원 강의를 빠짐없이 듣는 것 등으로 자신의 기량을 높이며 꾸준히 공부하는 것이 중요하다.

사회 봉사 활동은 목표와 비전, 관심이 같은 사람들로 하여금 유대감을 돈독하게 해준다. 이런 활동으로 사회에 끊임없이 긍정적인 개선안을 제시하면 삶을 성공으로 이끄는 징검다리가 되어줄 것이다.

성공이란 단어를 중요하지 않게 생각하는 사람도 있다. 그러나 나는 이 단어를 매우 좋아한다. 거창하지 않은 작은 일에서부터 큰 일에 이르기까지 삶을 성공의 경험으로 채우며 살아왔기 때문이다. 남들이 보기에 내가 처한 상황이 실패라고 했을 때조차도 나는 그것이 성공을 위한 밑거름임을 의심치 않았다. 가장 절망적인 순간조차 나는 늘 성공을 추구하며 살아왔다.

얼마 전 나는 또 다른 인생의 도전장을 받고 뉴욕생명보험 지점장으로 스카우트되었다. 이번에는 또 어떤 성공을 맛볼까 기대하며 하루하루를 살고 있다. 나는 내가 선택한 이 자리에서 모두를 사랑하는 마음으로 나와 함께하는 이들과 성공을 꿈꾸며 전진해갈 것이다.

요즈음 경제 환경의 변화로 근무하던 직장을 떠나야 하는 사람이 많을 것이다. 그러나 자신감과 용기를 잃어서는 안 된다. 어쩌면 자신감과 용기는 모든 것을 가능하게 하는 원동력이라고 할 수도 있기 때문이다.

화려했던 과거에 연연해 하지 마라. 당면한 현실에 긍정적인 생각을 가지라. 홀로서기를 두려워하지 말고, 가장 잘 할 수 있는 것 하나에 올인하면 반드시 성공할 것이다.

05

나는 항상 두려움을 극복하고 도전한다

박미영(에젤 에듀케이션 컨설팅 대표)

　다음에 나오는 글은 내가 좋아하는 작자 미상의 시이다. 이해하기 쉬우면서도 인생을 살아가는 비결에 대해 기록한 내용에 공감이 간다.

　인생을 살다 보면 여러 가지 어려움을 겪게 되는데 그 중의 하나가 퇴출이다. 퇴출을 전화위복으로 바꾸려면 다음의 시처럼 새로 배우고 성장하는 각오가 필요하다.

모 험

사람들 앞에서 웃는다는 것은 바보처럼 보이는 위험을 무릅쓰는 것입니다.

다른 사람에게 다가가는 것은 그에게 속을 수 있는 위험을 무릅쓰는 것입니다.

사랑한다는 것은 사랑받지 못할 위험을 무릅쓰는 것입니다.

믿는다는 것은 실망할지도 모를 위험을 무릅쓰는 것입니다.

노력한다는 것은 실패할지도 모를 위험을 무릅쓰는 것입니다.

그러나 모험은 감행돼야 합니다.

모험하지 않는 이들은 그 순간의 고통이나 슬픔을 피할 수 있을진 모르지만,

결코 배울 수 없고, 느낄 수 없으며, 변화할 수 없고, 성장할 수 없으며,

사랑할 수 없고, 진정으로 승리할 수 없기 때문입니다.

다음의 이야기는 두려움을 극복한 나의 인생 스토리이다.

내가 사업을 시작한 지도 어느덧 8년이 지났다. 시작할 당시 시장을 분석하고 계획을 세웠던 것이 지금은 그대로 성공했다고 생각한다. 비록 회사 규모는 작지만, 남들에게 보이기 위한 사업을 한 것

이 아니라 실속을 다지며 삶의 우선순위를 끊임없이 확인하며 걸어왔기에 나는 지난날을 대체로 만족한다.

나는 대학에서 문학을 전공했지만 첫 사회 생활을 LG화학 마케팅 부서에서 마케팅 매니저로 시작했다. 내가 LG라는 대기업에 합격한 이야기는 마치 드라마 같다. 임원들 앞에서 다섯 사람이 면접을 보는데, 강원도에 발령이 나면 갈 사람이 있는지 한 임원이 물었다. 함께 있던 다른 네 명의 남자 지원자들은 가지 않겠다고 했다. 순간 강원도에서 살아보는 것도 좋은 경험이 될 것 같아서 나는 가겠다고 말했다. 그랬더니 합격이 되었는데, 강원도가 아닌 여의도의 좋은 부서, 좋은 팀에 배정을 받았다. '모험'을 감행한 후 얻게 된 예상치 못한 좋은 결과였다. 임원들은 남자들도 가지 않겠다고 하는 곳에 여자가 가겠다고 한 것이 기특해보였을 것이다.

그리고 1년 후 나는 니베아 팀에서 독일인과 일했다. 영어로 의사소통을 해야 하는데, 영어 실력이 낮았던 터라 밤낮 없이 회화 공부에만 매달렸다. 사실 내 평생에 그때 영어가 제일 많이 늘었다. 대학을 다닐 때는 영어 학원에 다닌다고 큰돈을 투자했지만 투자에 비해 실력이 늘지 않았는데, 니베아 팀에서 일하면서 영어 실력이 단기간에 성장했다. 몇 년 후 태평양, 한솔 교육에서 마케팅 매니저로 일하다가 2000년 지금의 사업체인 스위스 호텔학교 한국 사무소를 열었다.

나는 어느 아는 스위스인에게 사업을 제안받고 착수하기 6개월 전에 시장 조사를 했다. 먼저 어느 곳이 경쟁사이며 고객은 대상이 누구인지 파악하고 스위스 호텔학교에 직접 가서 규모를 확인하고 교수진들을 만나보았다. 비슷한 계통에서 일하는 CEO들을 만나 조언을 구하니 일이 어려울 것이라는 부정적인 반응을 보였다.

그러나 나는 조사한 자료를 바탕으로 어떤 시장을 타깃으로 하면 성공할 수 있을지 사업계획서를 만들어 진행했다. 계획은 학교 간 연계 프로그램이었는데 경희대학교와 공동 유학 프로그램을 진행하면서 사업은 점차 안정되었다. 사업을 시작할 때 인건비를 줄이기 위해 혼자서 여러 명이 해야 할 일을 하다가 나중에는 좋은 직원들을 만나 함께 일하게 되었다.

사업은 시작 초기보다 조금씩 진행되어 갈 때 조심할 일들이 많다. 자칫 다른 쪽으로 욕심을 내어 무리를 하는 경우가 많기 때문이다. 지나친 욕심으로 확장하는 사업은 모험과는 분명히 다르다. '한 우물을 파라! 20년 전통의 식당!' 등과 같은 말은 한 분야에서 전문성과 노하우를 쌓으라는 뜻이다. 한 분야에 정통한 후에 같은 계열의 사업에 다양하게 시도하면 성공할 확률이 높다.

사회 생활을 하면서 가장 기억에 남는 것은 좋은 사람들을 만나 많은 영향을 받은 것이다. LG에서 인품이 좋은 대리님을 만났고, 당시 팀장이었던 훌륭하신 부장님도 만났다.

스위스 호텔학교 한국 대표 사무소를 운영하면서는 스위스 학교 CEO와 부인을 만나 많은 것을 배우고 있다. 리더들은 무엇인가 다르다. 스위스 학교의 CEO 부인은 국제 마케팅 담당자로 지혜로운 여성이다. 국제적인 비즈니스 감각이나, 처음 만난 사람들을 자연스럽게 대하는 법, 사람들과 지속적인 관계를 유지하는 방법 등 만날 때마다 많은 것을 그녀에게 배운다. 그리고 외국인들과 일하면서 우정을 쌓는 법도 알게 되었다. 이제는 스위스에 출장 가면 그분들의 댁에 친구로 초대받아 가서 함께 시간을 보낸다.

사업 초기에 아는 분들 혹은 낯선 이들이 제안해오는 여러 가지 일들을 진행하면서 깨달은 것이 있다. 사업에서도 관계와 의사소통 능력이 아주 중요하다는 것이다. 의외로 자신에게 의사소통 능력이 부족한 것을 깨닫지 못하는 사람들이 많은데, 의사소통 능력이 부족하면 진심이 전달되지 못할 때가 있으므로 사업에 마이너스 요인이 된다.

나는 이렇게 다양한 사람의 유형을 이해하기 위해 MBTI^{일상생활에} ^{활용할 수 있도록 고안된 자기 보고식 성격유형지표} 강사 자격증을 따는 데 필요한 공부를 했는데, 예상대로 도움이 많이 되었다. 또 여러 가지 경험을 하면서 욕심을 내려놓는 훈련을 하였다. 혼자 힘으로 일으킨 사업을 통해 이전에 내가 얼마나 부족한 회사원이었는지 알게 되었다. 비록 규모는 작지만 리더라는 위치는 큰 그림을 보며 무엇이 필요한지, 그리고 무엇을 해야 할지 알게 되는 자리인 것 같다. 회사에 다닐 때 리더에게 있는 시각과 지혜를 더 빨리 가졌다면 업무에 큰 성과를 내었을 텐데 하는 아쉬움도 든다. 그래서 나는 경영자의 시각과 지혜를 더욱더 사회 후배들에게 알려주고 싶다. 그들이 시행착오를 겪는 아픔을 줄이고 잘 성장할 수 있도록 돕고 싶다.

사업을 하기 위해서는 열정도 필요하다. 그래서 나는 선한 욕심을 가진다. 그리고 되도록 좋은 친구들과 좋은 사람들을 만나려고 노력한다.

요즘 나는 본업 외에도 미국 대사관 선임연구원에게 한국어를 가르치고 있다. 이전에 교육대학원에서 한국어 교육을 이수했는데, 올해 드디어 외국인에게 한국어를 가르치게 되었다. 한국에 대해 더 좋은 인상을 심어주고 싶기도 하지만, 한국어를 더 잘 가르치기 위해 나는 계속하여 교재를 연구한다. 내가 만난 그분이 얼마나 열심히 공부하는지 가르치는 보람도 느끼고 있다.

앞에서 본 〈모험〉이라는 시에서는 '사랑한다는 것은 사랑받지 못할 위험을 무릅쓰는 것'이며, '믿는다는 것은 실망할지도 모를 위험을 무릅쓰는 것'이라고 했다. 나에게도 사업을 하면서 배신을 당한 아픔과 상처가 있다. 하지만 우리에게 사람 관계란 삶이 다할 때까지 주어진 숙제와 같다고 생각한다. 사업을 하거나, 회사 생활을 하거나 다 마찬가지일 것이다. 모든 것은 사람 사이에서 비롯되므로, 사람들에게 믿음을 주어야 성공할 수 있다. 어차피 해야 할 숙제라면 현명하게 즐기면서 하기를 제안한다. 나의 경험이 여러분의 제자리 찾기와 홀로서기에 조금이라도 도움이 되기를 바란다.

06

긍정적인 새로운 도전

한성희(글로벌경영연구소 소장)

몇 년 전 읽은 책 중에 피터 드러커의 『프로페셔널의 조건』은 내게 지식 근로자의 미래를 어떻게 준비해야 하는가에 관해 알 수 있게 해준 고마운 책이다. 저자는 인생의 마지막 순간까지도 저술 활동을 멈추지 않는 열정으로 수많은 경영 테마에 시대적 화두를 던짐으로써 시간이 갈수록 경쟁력이 강해졌다. 그리고 생을 마감한 97세의 나이에 가장 영향력 있는 시대적 인물이 되었다. 한마디로 신선한 충격이었다.

나는 제2의 피터 드러커가 될 수 없다는 생각을 종종 하곤 했다. 그러던 내가 한 친구의 소개로 이 분야에 정통한 신정수 교수님을 뵙고 강의 제안을 받으면서 피터 드러커처럼 지식 근로자의 미래를 준비할 수 있는 가능성이 내게도 있음을 알게 되었다. 잘해낼 수 있을까 하는 약간의 두려움이 설렘으로 바뀌었고 관련된 테마를 정리하고 가르칠 때 얻는 학습 효과를 생각하니 오히려 기대감으로 흥분이 되었다.

아주 어렸을 적 초등학교 국어 수업 시간에 어떤 책을 읽고 주제를 요약해서 정리하는 숙제를 제출한 일이 있는데, 내가 쓴 내용이 글씨 하나 틀리지 않고 참고서에 있는 것과 똑같아서 선생님도 놀라고 나 자신도 놀랐던 일이 있다. 그때 칭찬 받았던 기억은 오랜 후 사회 생활을 할 때도 나에게 상황을 정확하게 판단하고 전달하는 능력이 있다는 자신감을 주었다. 그 때문에 회사의 갈등 상황에도 우수하게 업무를 수행했던 기억이 난다.

그 이후 학창시절에도 꼭 같지는 않지만 이런저런 비슷한 경험을 여러 차례 했는데, 그러한 경험은 사회에 나아가 컨설팅, 영업, 취재기자, 회사 운영 등의 업무를 수행하면서 힘이 들 때마다 자신감을 갖게 해주었다.

나의 상상력과 판단력은 성장하면서 조금 더 의미 있는 성과를 내기도 했다. 외국인 근로자 문화가 없던 시기에 내가 기획했던 외국인 체육 대회는 사회의 주목을 받게 되었고, 벌써 10년째 9개 나라 1,000여 명이 참가하는 정기적인 모임으로 성장하여 매스컴에도 소개가 되었다. 필요 사항을 발견하여 좋은 의미로 이끌었던 기획이 사회적으로 공감을 얻었던 것이다. 지금도 이 일을 생각하면 왠지 뿌듯하다.

좋은 인생이란 어쩌면 이러한 긍정적이고 소중한 시간들이 하나 하나 모여서 이루어지는 것이 아닌가 생각한다. 작은 기억들이지만 평생동안 지속되는 긍정적인 힘을 주는 경험이 많으면 많을수록 인생이 풍성하고 희망과 기쁨으로 가득 차게 되리라 믿는다.

내가 생각하는 유익하고 매력적인 강의란 바로 이런 수많은 긍정적인 요소를 청중들과 공감하며 현장에서 즉각적 변화를 유도하는 것이다. 이는 인생의 갈림길에서 긍정적인 도전을 하게 하는 어쩌면 가장 숭고한 구도자의 행위가 아닐까 하는 생각도 해본다.

그런데 어떻게 하면 이러한 업무를 잘 수행할 수 있을까? 아니 이러한 사명을 잘 감당할 수 있을까?

첫째는 자신도 좋아하면서 시장이 요구하는 테마를 선택해야 한다. 왜냐하면 자신이 좋아하는 분야는 재미있고 지속적으로 개발해도 쉽게 지치지 않기 때문이다. 오히려 강점으로 승화시켜 경쟁력을 확보할 수 있다. 또한 시장이 요구하는 것은 다양한 층에 공감대를 형성하는 것으로, 긴 여정에서 역시 힘과 흥이 될 수 있다.

둘째는 좋은 스승을 만나 깊은 사색의 과정으로 긍정성을 도출해야 한다. 인생은 만남의 연속이며 반복이다. 좋은 책과의 만남은 삶을 풍요롭게 하고, 좋은 사람과의 만남은 인생에 없던 길을 만들기도 한다. 이러한 만남과 인연을 소중히 여기는 것은 인생을 두 배로 풍요롭게 사는 방법이다. 여기에 사색이 필요한 것은 감사라는 단어의 어원이 생각에서 비롯된 것과 무관하지 않다. 지금 내 옆에 있는 모든 것을 생각해보면 감사하지 않을 수 없을 것이다.

셋째는 기쁘게 살기 위해 노력해야 한다. 좋아하지 않는 일을 오래하는 것은 매우 불행하다. 하지만 의미 있는 일을 즐겁게 지속적으로 하는 것은 매우 즐거울 뿐 아니라 생산성도 높아진다. 현대 그룹의 고 정주영 회장은 출근하는 것이 소풍 가는 것처럼 즐겁다고 했다. 그는 어려운 일이 있으면 그것을 해결했을 때의 기쁨을 생각하면서 일을 즐겼다고 한다.

어떻게 그럴 수 있었을까? 그것은 일 너머에 보다 큰 의미를 부여했기 때문일지 모른다는 생각을 해보았다. 국가 재건 등의 보다 높은 사명이 무한 도전 정신을 뒷받침하는 배경이 되었다면 아마 그 앞에 벌어진 기업의 무수한 일들은 장애가 아닌 그저 작은 언덕을 넘는 재미있는 놀이라고 생각을 했을지 모른다.

위에서 언급한 세 가지 방향을 정렬해서 즐겁게 노력하는 강사는 단순한 노력의 차원을 넘는, 보다 높은 가치나 사명감을 전달하는, 시대가 필요로 하는 지도자가 될 것이다. 한마디 한마디가 어떤 청중에게는 엄청난 기회나 깨달음이 되고, 그것은 결국 인생과 인류를 변화시키는 처음과 마지막 자원인 휴먼 에너지의 결정체가 되기 때문이다.

글을 마치면서

삼성 이건희 회장은 골드칼라 시대를 말했다. 도요타 자동차 생산 라인은 모든 공정 과정이 자동화로 되어 있다. 자동차가 만들어져서 검품을 거쳐 최종 출고되면 한 사람이 자동차 키를 가지고 차에 오른다. 시동을 걸어 엔진 소리를 듣고 최종 진단을 내린다. 생산 라인에서 일하던 많은 사람들은 다른 일자리를 찾아 떠나고, 오직 한 사람만이 남았다. 그 한 사람처럼 황금같이 반짝이는 두뇌와 정보로 새로운 가치를 창조하여 정보화 시대를 이끌어가는 능력 위주의 전문직 종사자를 골드칼라라 일컫는다.

기업은 경쟁력을 갖추기 위해 부단히 노력할 것이다. 그러한 노력들은 자동화와 컴퓨터를 활용한 프로그램들로 채워질 것이다.

현재 기업의 환경은 자동화된 컴퓨터 프로그램이 사람의 일을 대신하는 시대로 급속하게 전환되고 있다. 특히 한국 기업은 전통적인 비즈니스 방식을 아직도 유지하고 있어 경쟁력이 갈수록 약화되고 있다. 톱다운 방식의 라인 구조도 머지않아서 사라지고 개인의 업무 영역이 정해지는 구조로 전환되면 아마도 절반 정도의 인력이 감소되는 선진 구조를 갖추게 될 것이다. 또한 텔레마케팅 등 서비스 산업도 중국으로 모두 이동될 것이다. 국내에서 한 사람을 채용하면 300만 원 정도가 지출되지만, 인건비가 저렴하고 우리말과 글을 알고 있는 조선족은 한국 돈 30만 원이면 고급 인력을 채용할 수 있기 때문이다. 한국 땅의 서비스 산업이 중국으로 이동한다면 국내 일자리는 30% 정도가 감소될 것이다.

글로벌 무한 경쟁 시대에는 세계에서 1, 2, 3등 하는 기업만이 존재하고 나머지 기업들은 인수합병되거나 시장에서 퇴출되는 양상을 보일 것이다.

그러므로 퇴출을 두려워하지 말고, 홀로서기로 당당한 자신을 새롭게 만들어가기 바란다. 당신이 경험한 일이거나, 지금까지 가장 하고 싶었던 분야의 일, 혹은 부모님으로부터 물려받은 타고난 재능이 있다면 가장 잘할 수 있는 것 하나에 전략을 세워 한 길로 매진하면 성공할 수 있을 것이다.

이제는 강점을 찾아서 더 강화시키는 전략으로 이동해야 한다. 약점을 보강하려고 시간, 비용, 에너지를 들이는 것은 낭비이다. 강점을 활용하면 성공 확률이 높아지고, 성공하면 자연스럽게 약점은 묻힌다. 박지성 선수처럼 강점에다 전략 하나를 더 해서 시종일관 실행하라.

홀로서기를 위해 필요한 것들이 많지만, 그 중에서 가장 중요한 것은 자신감과 용기이다. 자신감과 용기를 잃어버리면 모든 것을 다 잃어버리기 때문이다.

철저하게 혼자 떠나야 한다. 모든 것을 그 자리에 놓고 몸만 떠나라. 어쩌면 당신이 가진 것들이 장애가 될 수 있다. 이전의 자료나 정보는 지나가버린 낡은 것들에 지나지 않는다. 미련을 두지 말고, 하나를 하더라도 더 깊이 연구하고 늘 새롭게 창조해 가라.

많은 사람들은 자신들이 알고 있는 몇 안 되는 일만이 직업인 줄 알고 있지만, 당신의 능력으로 길을 만들면 그것이 최고의 직업이 될 수 있다. 필자는 여러 방향의 갈림길 위에 강의라는 길을 택했다. 그리고 전략 하나를 더 해서 열심히 이 길만을 생각하며 달리고 있다. 그 전략은 "내가 쓴 책으로 강의한다."이다. 지금은 이 길을 선택한 것에 대해 매우 잘했다는 생각을 한다. 왜냐하면 지금 이 순간도 필자에게 출강을 요청하는 기업이 있기 때문이다. 직장 생활을 할 때는 주말이 기다려졌지만, 강의를 한 후부터는 일요일이 가장 싫어하는 날이 되었다. 강의가 없기 때문이다. 그러나 월요일은 강의가 시작되는 날이어서 가장 좋아하는 요일이 되었다.

이 책을 내면서 아쉬운 점이 있다면 여러 분야에서 홀로서기에 성공한 사람들의 이야기를 골고루 담아내지 못한 것이다. 다음에 기회가 되면 더 많은 분야에서 성공한 이들의 이야기를 모아 소개하리라 약속한다. 이 책을 읽고 강사의 길을 가고자 하는 사람이 있다면 기꺼이 좋은 파트너가 되어주겠다.

> 당신이 가진 능력을 적어보라.
> 그 능력으로 잘할 수 있는 일을 적어보라.
> 그 중에서 가장 잘 할 수 있는 일에 밑줄을 그어보라.
> 그 일을 성공적으로 실행하기 위해 필요한 전략을 하나만 세워보라.
> 그 다음에는 그 하나에 올인하기 바란다.
> 늦었다고 생각할 때가 가장 빠르다고 했다.

당신의 강점을 찾아서 인생 2막이 실현되기를 소원하며, 어제보다 더 행복한 오늘이 되기를 소원한다.

〈참고 문헌〉

● 톰 피터스, 『톰 피터스의 미래를 경영하라』, 21세기북스, 2005
● 데이비드 와인버거, 『인터넷은 휴머니즘이다』, 명진출판사, 2003
● 짐 콜린스, 『좋은 기업을 넘어 위대한 기업으로』, 김영사, 2002
● 피터 드러커, 『피터 드러커의 실천경영노트』, click&click, 2004

6장에 인용한 〈모험〉이라는 제목의 시는 저자를 찾지 못하여 '작자 미상의 시'라고 소개하였습니다. 허락을 받지 않고 시를 인용한 점은 저자분께 양해를 구합니다. 저자이시거나 저자를 아시는 분은 저희 출판사로 연락해주시기 바랍니다.

가림출판사 · 가림M&B · 가림Let's에서 나온 책들

알기 쉬운 심장병 119
박승정 지음 / 신국판 / 248쪽 / 9,000원

알기 쉬운 고혈압 119
이정균 지음 / 신국판 / 304쪽 / 10,000원

여성을 위한 부인과질환의 예방과 치료
차선희 지음 / 신국판 / 304쪽 / 10,000원

알기 쉬운 아토피 119
이승규 · 임승엽 · 김문호 · 안유일 지음 / 신국판 / 232쪽 / 9,500원

120세에 도전한다
이권행 지음 / 신국판 / 308쪽 / 11,000원

건강과 아름다움을 만드는 요가
정판식 지음 / 4×6배판 변형 / 224쪽 / 14,000원

우리 아이 건강하고 아름다운 롱다리 만들기
김성훈 지음 / 대국전판 / 236쪽 / 10,500원

알기 쉬운 허리디스크 예방과 치료
이종서 지음 / 대국전판 / 336쪽 / 12,000원

소아과전문의에게 듣는 알기 쉬운 소아과 119
신영규 · 이강우 · 최성항 지음 / 4×6배판 변형 / 280쪽 / 14,000원

피가 맑아야 건강하게 오래 살 수 있다
김영찬 지음 / 신국판 / 256쪽 / 10,000원

웰빙형 피부 미인을 만드는 나만의 셀프 피부건강
양해원 지음 / 대국전판 / 144쪽 / 10,000원

내 몸을 살리는 생활 속의 웰빙 항암 식품
이승남 지음 / 대국전판 / 248쪽 / 9,800원

마음한글, 느낌한글
박완식 지음 / 4×6배판 / 300쪽 / 15,000원

웰빙 동의보감식 발마사지 10분
최미희 지음 / 신재용 감수 / 4×6배판 변형 / 204쪽 / 13,000원

아름다운 몸, 건강한 몸을 위한 목욕 건강 30분
임하성 지음 / 대국전판 / 176쪽 / 9,500원

내가 만드는 한방생주스 60
김영섭 지음 / 국판 / 112쪽 / 7,000원

몸을 살리는 건강식품
백은희 · 조창호 · 최양진 지음 / 신국판 / 384쪽 / 11,000원

건강도 키우고 성적도 올리는 자녀 건강
김진돈 지음 / 신국판 / 304쪽 / 12,000원

알기 쉬운 간질환 119
이관식 지음 / 신국판 / 264쪽 / 11,000원

밥으로 병을 고친다
허봉수 지음 / 대국전판 / 352쪽 / 13,500원

알기 쉬운 신장병 119
김형ی나 지음 / 신국판 / 240쪽 / 10,000원

마음의 감기 치료법 우울증 119
이민수 지음 / 대국전판 / 232쪽 / 9,800원

관절염 119
송영욱 지음 / 대국전판 / 224쪽 / 9,800원

내 딸을 위한 미성년 클리닉
강병문 · 이향아 · 최정원 지음 / 국판 / 148쪽 / 8,000원

암을 다스리는 기적의 치유법
케이 세이헤이 감수 · 카와키 나리카즈 지음 / 민병수 옮김
신국판 / 256쪽 / 9,000원

스트레스 다스리기
대한불안장애학회 스트레스관리연구특별위원회 지음
신국판 / 304쪽 / 12,000원

천연 식초 건강법 건강식품연구회 엮음 / 신재용(해성한의원 원장) 감수
신국판 / 252쪽 / 9,000원

암에 대한 모든 것
서울아산병원 암센터 지음 / 신국판 / 360쪽 / 13,000원

알록달록 컬러 다이어트
이승남 지음 / 국판 / 248쪽 / 10,000원

당신도 부모가 될 수 있다
정병준 지음 / 신국판 / 268쪽 / 9,500원

키 10cm 더 크는 키네스 성장법 김양수 · 이종균 · 최형규 · 표재환 · 김문희 지음

대국전판 / 312쪽 / 12,000원

당뇨병 백과
이현철 · 송영득 · 안철우 지음 / 4×6배판 변형 / 396쪽 / 16,000원

호흡기 클리닉 119
박성학 지음 / 신국판 / 256쪽 / 10,000원

키 쑥쑥 크는 롱다리 만들기
롱다리 성장클리닉 원장단 지음 / 4×6배판 변형 / 256쪽 / 11,000원

내 몸을 살리는 건강식품
백은희 · 조창호 · 최양진 지음 / 신국판 / 368쪽 / 11,000원

내 몸에 맞는 운동과 건강
하철수 지음 / 신국판 / 264쪽 / 11,000원

교 육

우리 교육의 창조적 백색혁명
원상기 지음 / 신국판 / 206쪽 / 6,000원

현대생활과 체육
조창남 외 5명 공저 / 신국판 / 340쪽 / 10,000원

퍼펙트 MBA   IAE유학네트 지음 / 신국판 / 400쪽 / 12,000원

유학길라잡이 Ⅰ - 미국편
IAE유학네트 지음 / 4×6배판 / 372쪽 / 13,900원

유학길라잡이 Ⅱ - 4개국편
IAE유학네트 지음 / 4×6배판 / 348쪽 / 13,900원

조기유학길라잡이.com
IAE유학네트 지음 / 4×6배판 / 428쪽 / 15,000원

현대인의 건강생활
박상호 외 5명 공저 / 4×6배판 / 268쪽 / 15,000원

천재아이로 키우는 두뇌훈련
나카마츠 요시로 지음 / 민병수 옮김 / 국판 / 288쪽 / 9,500원

두뇌혁명
나카마츠 요시로 지음 / 민병수 옮김 / 4×6판 양장본 / 288쪽 / 12,000원

테마별 고사성어로 익히는 한자
김경익 지음 / 4×6배판 변형 / 248쪽 / 9,800원

生생 공부비법 이은승 지음 / 대국전판 / 272쪽 / 9,500원

자녀를 성공시키는 습관만들기
배은경 지음 / 대국전판 / 232쪽 / 9,500원

한자능력검정시험 1급
한자능력검정시험연구위원회 편저 / 4×6배판 / 568쪽 / 21,000원

한자능력검정시험 2급
한자능력검정시험연구위원회 편저 / 4×6배판 / 472쪽 / 18,000원

한자능력검정시험 3급(3급II)
한자능력검정시험연구위원회 편저 / 4×6배판 / 440쪽 / 17,000원

한자능력검정시험 4급(4급II)
한자능력검정시험연구위원회 편저 / 4×6배판 / 352쪽 / 15,000원

한자능력검정시험 5급
한자능력검정시험연구위원회 편저 / 4×6배판 / 264쪽 / 11,000원

한자능력검정시험 6급
한자능력검정시험연구위원회 편저 / 4×6배판 / 168쪽 / 8,500원

한자능력검정시험 7급
한자능력검정시험연구위원회 편저 / 4×6배판 / 152쪽 / 7,000원

한자능력검정시험 8급
한자능력검정시험연구위원회 편저 / 4×6배판 / 112쪽 / 6,000원

볼링의 이론과 실기 이택상 지음 / 신국판 / 192쪽 / 9,000원

고사성어로 끝내는 천자문
조준상 글 · 그림 / 4×6배판 / 216쪽 / 12,000원

내 아이 스타 만들기
김민성 지음 / 신국판 / 200쪽 / 9,000원

교육 1번저 강남 엄마들의 수험생 자녀 관리
황송주 지음 / 신국판 / 288쪽 / 9,500원

초등학생이 꼭 알아야 할 위대한 역사 상식
우진영 · 이양경 지음 / 4×6배판 변형 / 228쪽 / 9,500원

초등학생이 꼭 알아야 할 행복한 경제 상식

우진영 · 전선심 지음 / 4×6배판 변형 / 224쪽 / 9,500원

초등학생이 꼭 알아야 할 재미있는 과학상식
우진영 · 정경희 지음 / 4×6배판 변형 / 220쪽 / 9,500원

한자능력검정시험 3급 · 3급 II
한자능력검정시험연구위원회 편저 / 4×6판 / 380쪽 / 7,500원

교과서 속에 꼭꼭 숨어있는 이색박물관 체험 이신화 지음
대국전판 / 248쪽 / 12,000원

초등학생 독서 논술(저학년) 책마루 독서교육연구회 지음
4×6배판 변형 / 244쪽 / 14,000원

초등학생 독서 논술(고학년) 책마루 독서교육연구회 지음
4×6배판 변형 / 236쪽 / 14,000원

놀면서 배우는 경제
김솔 지음 / 대국전판 / 196쪽 / 10,000원

건강생활과 레저스포츠 즐기기
강선희 외 11명 공저 / 4×6배판 / 324쪽 / 18,000원

아이의 미래를 바꿔주는 좋은 습관
배은경 지음 / 신국판 / 216쪽 / 9,500원

취미 · 실용

김진국과 같이 배우는 와인의 세계
김진국 지음 / 국배판 변형양장본(올 컬러판) / 208쪽 / 30,000원

경제 · 경영

CEO가 될 수 있는 성공법칙 101가지
김승룡 편역 / 신국판 / 320쪽 / 9,500원

정보소프트 김승룡 지음 / 신국판 / 324쪽 / 6,000원

기획대사전 다카하시 겐코 지음 / 홍영의 옮김
신국판 / 552쪽 / 19,500원

맨손창업 · 맞춤창업 BEST 74
양혜숙 지음 / 신국판 / 416쪽 / 12,000원

무자본, 무점포 창업! FAX 한 대면 성공한다
다카시로 고시 지음 / 홍영의 옮김 / 신국판 / 226쪽 / 7,500원

성공하는 기업의 인간경영 중소기업 노무 연구회 편저 / 홍영의 옮김
신국판 / 368쪽 / 11,000원

21세기 IT가 세계를 지배한다
김광희 지음 / 신국판 / 380쪽 / 12,000원

경제기사로 부자아빠 만들기
김기태 · 신현태 · 박근수 공저 / 신국판 / 388쪽 / 12,000원

포스트 PC의 주역 정보가전과 무선인터넷
김광희 지음 / 신국판 / 356쪽 / 12,000원

성공하는 사람들의 마케팅 바이블
채수명 지음 / 신국판 / 328쪽 / 12,000원

느린 비즈니스로 돌아가라
사카모토 게이이치 지음 / 정성호 옮김 / 신국판 / 276쪽 / 9,000원

적은 돈으로 큰돈 벌 수 있는 부동산 재테크
이원재 지음 / 신국판 / 340쪽 / 12,000원

바이오혁명
이주영 지음 / 신국판 / 328쪽 / 12,000원

성공하는 사람들의 자기혁신 경영기술
채수명 지음 / 신국판 / 344쪽 / 12,000원

CFO 교텐 토요오 · 타하라 오키시 지음 / 민병수 옮김
신국판 / 312쪽 / 12,000원

네트워크시대 네트워크마케팅
임동학 지음 / 신국판 / 376쪽 / 12,000원

성공리더의 7가지 조건
다이앤 트레이시 · 윌리엄 모건 지음 / 지창영 옮김
신국판 / 360쪽 / 13,000원

김종결의 성공창업
김종결 지음 / 신국판 / 340쪽 / 12,000원

최적의 타이밍에 내 집 마련하는 기술
이원재 지음 / 신국판 / 248쪽 / 10,500원

컨설팅 세일즈 *Consulting sales*
임동학 지음 / 대국전판 / 336쪽 / 13,000원

연봉 10억 만들기
김농주 지음 / 국판 / 216쪽 / 10,000원

주5일제 근무에 따른 한국형 주말창업
최효진 지음 / 신국판 변형 양장본 / 216쪽 / 10,000원

돈 되는 땅 돈 안되는 땅
김영준 지음 / 신국판 / 320쪽 / 13,000원

돈 버는 회사로 만들 수 있는 109가지
다카하시 도시노리 지음 / 민병수 옮김 / 신국판 / 344쪽 / 13,000원

프로는 디테일에 강하다
김미현 지음 / 신국판 / 248쪽 / 9,000원

머니투데이 송복규 기자의 부동산으로 주머니돈 100배 만들기
송복규 지음 / 신국판 / 328쪽 / 13,000원

성공하는 슈퍼마켓&편의점 창업
나명환 지음 / 4×6배판 변형 / 500쪽 / 28,000원

대한민국 성공 재테크 부동산 펀드와 리츠로 승부하라
김영준 지음 / 신국판 / 256쪽 / 12,000원

마일리지 200% 활용하기
박성희 지음 / 국판 변형 / 200쪽 / 8,000원

1%의 가능성에 도전, 성공 신화를 이룬 여성 CEO
김미현 지음 / 신국판 / 248쪽 / 9,500원

3천만 원으로 부동산 재벌 되기
최수길 · 이숙 · 조연희 지음 / 신국판 / 290쪽 / 12,000원

10년을 앞설 수 있는 재테크
노동규 지음 / 신국판 / 260쪽 / 10,000원

세계 최강을 추구하는 도요타 방식
나카야마 키요타카 지음 / 민병수 옮김 / 신국판 / 296쪽 / 12,000원

최고의 설득을 이끌어내는 프레젠테이션
조두환 지음 / 신국판 / 296쪽 / 11,000원

최고의 만족을 이끌어내는 창의적 협상
조강희 · 조원희 지음 / 신국판 / 248쪽 / 10,000원

New 세일즈 기법 물건을 팔지 말고 가치를 팔아라
조기선 지음 / 신국판 / 264쪽 / 9,500원

작은 회사는 전략이 달라야 산다
황문진 지음 / 신국판 / 312쪽 / 11,000원

돈되는 슈퍼마켓&편의점 창업전략(입지 편)
나명환 지음 / 신국판 / 352쪽 / 13,000원

25 · 35 꼼꼼 여성 재테크
정원훈 지음 / 신국판 / 224쪽 / 11,000원

대한민국 2030 독특하게 창업하라
이상헌 · 이호 지음 / 신국판 / 288쪽 / 12,000원

왕초보 주택 경매로 돈 벌기
천관성 지음 / 신국판 / 268쪽 / 12,000원

New 마케팅 기법 (실천편) 물건을 팔지 말고 가치를 팔아라 2
조기선 지음 / 신국판 / 240쪽 / 10,000원

퇴출 두려워 마라 홀로서기에 도전하라
신정수 지음 / 신국판 / 256쪽 / 11,500원

주 식

개미군단 대박맞이 주식투자
홍성걸(한양증권 투자분석팀 팀장) 지음 / 신국판 / 310쪽 / 9,500원

알고 하자! 돈 되는 주식투자
이길영 외 2명 공저 / 신국판 / 388쪽 / 12,500원

항상 당하기만 하는 개미들의 매도 · 매수타이밍 999% 적중 노하우
강경무 지음 / 신국판 / 336쪽 / 12,000원

부자 만들기 주식성공클리닉
이창희 지음 / 신국판 / 372쪽 / 11,500원

선물 · 옵션 이론과 실전매매
이창희 지음 / 신국판 / 372쪽 / 12,000원

너무나 쉬워 재미있는 주가차트
홍성무 지음 / 4×6배판 / 216쪽 / 15,000원

주식투자 직접 투자로 높은 수익을 올릴 수 있는 비결
김학균 지음 / 신국판 / 230쪽 / 11,000원

역 학

역리종합 만세력 정도명 편저 / 신국판 / 532쪽 / 10,500원
작명대전 정보국 지음 / 신국판 / 460쪽 / 12,000원
하락이수 해설 이천교 편저 / 신국판 / 620쪽 / 27,000원
현대인의 창조적 관상과 수상 백운산 지음 / 신국판 / 344쪽 / 9,000원
대운용신영부적 정재원 지음 / 신국판 양장본 / 750쪽 / 39,000원
사주비결활용법 이세진 지음 / 신국판 / 392쪽 / 12,000원
컴퓨터세대를 위한 新성명학대전 박용찬 지음 / 신국판 / 388쪽 / 11,000원
길흉화복 꿈풀이 비법 백운산 지음 / 신국판 / 410쪽 / 12,000원
새천년 작명컨설팅 정재원 지음 / 신국판 / 492쪽 / 13,900원
백운산의 신세대 궁합 백운산 지음 / 신국판 / 304쪽 / 9,500원
동자삼 작명학 남시모 지음 / 신국판 / 496쪽 / 15,000원
구성학의 기초 문길여 지음 / 신국판 / 412쪽 / 12,000원
소울음소리 이건우 지음 / 신국판 / 314쪽 / 10,000원

법률 일반

여성을 위한 성범죄 법률상식
조명원(변호사) 지음/ 신국판 / 248쪽 / 8,000원
아파트 난방비 75% 절감방법
고영근 지음 / 신국판 / 238쪽 / 8,000원
일반인이 꼭 알아야 할 절세전략 173선
최성호(공인회계사) 지음 / 신국판 / 392쪽 / 12,000원
변호사와 함께하는 부동산 경매
최환주(변호사) 지음 / 신국판 / 404쪽 / 13,000원
혼자서 쉽고 빠르게 할 수 있는 소액재판
김재용 · 김종철 공저 / 신국판 / 312쪽 / 9,500원
"술 한 잔 사겠다"는 말에서 찾아보는 채권 · 채무
변환철(변호사) 지음 / 신국판 / 408쪽 / 13,000원
알기쉬운 부동산 세무 길라잡이
이건우(세무서 재산계장) 지음 / 신국판 / 400쪽 / 13,000원
알기쉬운 어음, 수표 길라잡이
변환철(변호사) 지음 / 신국판 / 328쪽 / 11,000원
제조물책임법
강동근 · 윤종성(검사) 공저 / 신국판 / 368쪽 / 13,000원
알기 쉬운 주5일근무에 따른 임금 · 연봉제 실무
문강분(공인노무사) 지음 / 4×6배판 변형 / 544쪽 / 35,000원
변호사 없이 당당히 이길 수 있는 형사소송
김대환 지음 / 신국판 / 304쪽 / 13,000원
변호사 없이 당당히 이길 수 있는 민사소송
김대환 지음 / 신국판 / 412쪽 / 14,500원
혼자서 해결할 수 있는 교통사고 Q&A
조명원(변호사) 지음 / 신국판 / 336쪽 / 12,000원
알기 쉬운 개인회생 · 파산 신청법
최재구(법무사) 지음 / 신국판 / 352쪽 / 13,000원

생활법률

부동산 생활법률의 기본지식
대한법률연구회 지음 / 김원중(변호사) 감수 / 신국판 / 472쪽 / 13,000원
고소장 · 내용증명 생활법률의 기본지식
하태웅(변호사) 지음 / 신국판 / 440쪽 / 12,000원
노동 관련 생활법률의 기본지식
남동희(공인노무사) 지음 / 신국판 / 528쪽 / 14,000원
외국인 근로자 생활법률의 기본지식
남동희(공인노무사) 지음 / 신국판 / 400쪽 / 12,000원
계약작성 생활법률의 기본지식
이상도(변호사) 지음 / 신국판 / 560쪽 / 14,500원
지적재산 생활법률의 기본지식
이상도(변호사) · 조의제(변리사) 공저 / 신국판 / 496쪽 / 14,000원
부당노동행위와 부당해고 생활법률의 기본지식
박영수(공인노무사) 지음 / 신국판 / 432쪽 / 14,000원
주택 · 상가임대차 생활법률의 기본지식
김운용(변호사) 지음 / 신국판 / 480쪽 / 14,000원
하도급거래 생활법률의 기본지식
김진흥(변호사) 지음 / 신국판 / 440쪽 / 14,000원
이혼소송과 재산분할 생활법률의 기본지식
박동섭(변호사) 지음 / 신국판 / 460쪽 / 14,000원
부동산등기 생활법률의 기본지식
정상태(법무사) 지음 / 신국판 / 456쪽 / 14,000원
기업경영 생활법률의 기본지식
안동섭(단국대 교수) 지음 / 신국판 / 466쪽 / 14,000원
교통사고 생활법률의 기본지식
박정무 · 전병찬 공저 / 신국판 / 480쪽 / 14,000원
소송서식 생활법률의 기본지식
김대환 지음 / 신국판 / 480쪽 / 14,000원
호적 · 가사소송 생활법률의 기본지식
정주수(법무사) 지음 / 신국판 / 516쪽 / 14,000원
新상속과 세금 생활법률의 기본지식
박동섭(변호사) 지음 / 신국판 / 492쪽 / 14,500원
담보 · 보증 생활법률의 기본지식
류창호(법학박사) 지음 / 신국판 / 436쪽 / 14,000원
소비자보호 생활법률의 기본지식
김성천(법학박사) 지음 / 신국판 / 504쪽 / 15,000원
판결 · 공정증서 생활법률의 기본지식
정상태(법무사) 지음 / 신국판 / 312쪽 / 13,000원
산업재해보상보험 생활법률의 기본지식
정유석(공인노무사) 지음 / 신국판 / 384쪽 / 14,000원

처 세

성공적인 삶을 추구하는 여성들에게 우먼파워
조안 커너 · 모이라 레이너 공저 / 지창영 옮김
신국판 / 352쪽 / 8,800원
話 이익이 되는 말 話 손해가 되는 말
우메시마 미요 지음 / 정성호 옮김 / 신국판 / 304쪽 / 9,000원
부자들의 생활습관 가난한 사람들의 생활습관
다케우치 야스오 지음 / 홍영의 옮김 / 신국판 / 320쪽 / 9,800원
코끼리 귀를 당긴 원숭이-히딩크식 창의력을 배우자
강충인 지음 / 신국판 / 208쪽 / 8,500원
성공하려면 유머와 위트로 무장하라
민영욱 지음 / 신국판 / 292쪽 / 9,500원
등소평의 오뚝이전략
조창남 편저 / 신국판 / 304쪽 / 9,500원
노무현 화술과 화법을 통한 이미지 변화
이현정 지음 / 신국판 / 320쪽 / 10,000원
성공하는 사람들의 토론의 법칙
민영욱 지음 / 신국판 / 280쪽 / 9,500원
사람은 칭찬을 먹고산다
민영욱 지음 / 신국판 / 268쪽 / 9,500원
사과의 기술
김농주 지음 / 신국판 변형 양장본 / 200쪽 / 10,000원
취업 경쟁력을 높여라
김농주 지음 / 신국판 / 280쪽 / 12,000원
유비쿼터스시대의 블루오션 전략
최양진 지음 / 신국판 / 248쪽 / 10,000원
나만의 블루오션 전략-화술편
민영욱 지음 / 신국판 / 254쪽 / 10,000원

희망의 씨앗을 뿌리는 20대를 위하여
우광균 지음 / 신국판 / 172쪽 / 8,000원

끌리는 사람이 되기위한 이미지 컨설팅
홍순아 지음 / 대국전판 / 194쪽 / 10,000원

글로벌 리더의 소통을 위한 스피치
민영욱 지음 / 신국판 / 328쪽 / 10,000원

오바마처럼 꿈에 미쳐라
정영순 지음 / 신국판 / 208쪽 / 9,500원

여자 30대, 내 생애 최고의 인생을 만들어라
정영순 지음 / 신국판 / 256쪽 / 11,500원

명 상

명상으로 얻는 깨달음
달라이 라마 지음 / 지창영 옮김 / 국판 / 320쪽 / 9,000원

어 학

2진법 영어 이상도 지음 / 4×6배판 변형 / 328쪽 / 13,000원

한 방으로 끝내는 영어 고제윤 지음 / 신국판 / 316쪽 / 9,800원

한 방으로 끝내는 영단어 김승엽 지음 / 김수경 · 카렌다 감수 /
4×6배판 변형 / 236쪽 / 9,800원

해도해도 안 되던 영어회화 하루에 30분씩 90일이면 끝낸다
Carrot Korea 편집부 지음 / 4×6배판 변형 / 260쪽 / 11,000원

바로 활용할 수 있는 기초생활영어
김수경 지음 / 신국판 / 240쪽 / 10,000원

바로 활용할 수 있는 비즈니스영어
김수경 지음 / 신국판 / 252쪽 / 10,000원

생존영어55 홍일록 지음 / 신국판 / 224쪽 / 8,500원

필수 여행영어회화 한현숙 지음 / 4×6판 변형 / 328쪽 / 7,000원

필수 여행일어회화 윤영자 지음 / 4×6판 변형 / 264쪽 / 6,500원

필수 여행중국어회화 이은진 지음 / 4×6판 변형 / 256쪽 / 7,000원

영어로 배우는 중국어 김승엽 지음 / 신국판 / 216쪽 / 9,000원

필수 여행스페인어회화 유연창 지음 / 4×6판 변형 / 288쪽 / 7,000원

바로 활용할 수 있는 홈스테이 영어
김형주 지음 / 신국판 / 184쪽 / 9,000원

필수 여행러시아어회화 이은수 지음 / 4×6판 변형 / 248쪽 / 7,500원

레포츠

수열이의 브라질 축구 탐방 삼바 축구, 그들은 강하다
이수열 지음 / 신국판 / 280쪽 / 8,500원

마라톤, 그 아름다운 도전을 향하여
빌 로저스 · 프리실라 웰치 · 조 헨더슨 공저 /
오인환 감수 / 지창영 옮김 / 4×6배판 / 320쪽 / 15,000원

퍼팅 메커닉
이근택 지음 / 4×6배판 변형 / 192쪽 / 18,000원

아마골프 가이드
정영호 지음 / 4×6배판 변형 / 216쪽 / 12,000원

인라인스케이팅 100%즐기기
임미숙 지음 / 4×6배판 변형 / 172쪽 / 11,000원

배스낚시 테크닉
이종건 지음 / 4×6배판 / 440쪽 / 20,000원

나도 디지털 전문가 될 수 있다!!!
이승훈 지음 / 4×6배판 / 320쪽 / 19,200원

스키 100% 즐기기
김동환 지음 / 4×6배판 변형 / 184쪽 / 12,000원

태권도 총론
하웅의 지음 / 4×6배판 / 288쪽 / 15,000원

건강하고 아름다운 동양란 기르기
난마을 지음 / 4×6배판 변형 / 184쪽 / 12,000원

수영 100% 즐기기
김종만 지음 / 4×6배판 변형 / 248쪽 / 13,000원

애완견114
황양원 엮음 / 4×6배판 변형 / 228쪽 / 13,000원

건강을 위한 웰빙 걷기
이강옥 지음 / 대국전판 / 280쪽 / 10,000원

우리 땅 우리 문화가 살아 숨쉬는 옛터
이형권 지음 / 대국전판 올컬러 / 208쪽 / 9,500원

아름다운 산사
이형권 지음 / 대국전판 올컬러 / 208쪽 / 9,500원

골프 100타 깨기
김준모 지음 / 4×6배판 변형 / 136쪽 / 10,000원

쉽고 즐겁게! 신나게! 배우는 재즈댄스
최재선 지음 / 4×6배판 변형 / 200쪽 / 12,000원

맛과 멋이 있는 낭만의 카페
박성찬 지음 / 대국전판 올컬러 / 168쪽 / 9,900원

한국의 숨어 있는 아름다운 풍경
이종원 지음 / 대국전판 올컬러 / 208쪽 / 9,900원

사람이 있고 자연이 있는 아름다운 명산
박기성 지음 / 대국전판 올컬러 / 176쪽 / 12,000원

마음의 고향을 찾아가는 여행 포구
김인자 지음 / 대국전판 올컬러 / 224쪽 / 14,000원

골프 90타 깨기
김광섭 지음 / 4×6배판 변형 / 148쪽 / 11,000원

생명이 살아 숨쉬는 한국의 아름다운 강
민병준 지음 / 대국전판 올컬러 / 168쪽 / 12,000원

뜻나는 대로 세계여행
김재관 지음 / 4×6배판 변형 올컬러 / 368쪽 / 20,000원

KLPGA 최여진 프로의 센스 골프
최여진 지음 / 4×6배판 변형 올컬러 / 192쪽 / 13,900원

해양스포츠 카이트보딩
김남용 편저 / 신국판 올컬러 / 152쪽 / 18,000원

KTPGA 김준모 프로의 파워 골프
김준모 지음 / 4×6배판 변형 올컬러 / 192쪽 / 13,900원

골프 80타 깨기
오태훈 지음 / 4×6배판 변형 / 132쪽 / 10,000원

신나는 골프 세상
유응열 지음 / 4×6배판 변형 올컬러 / 232쪽 / 16,000원

풍경 속을 걷는 즐거움 명상 산책
김인자 지음 / 대국전판 올컬러 / 224쪽 / 14,000원

이신 프로의 더 퍼펙트
이신 지음 / 국배판 / 336쪽 / 28,000원

주니어출신 박영진 프로의 주니어골프
박영진 지음 / 4×6배판 변형 올컬러 / 164쪽 / 11,000원

골프손자병법
유응열 지음 / 4×6배판 변형 올컬러 / 212쪽 / 16,000원

3.3.7 세계여행
김완수 지음 / 4×6배판 변형 올컬러 / 280쪽 / 12,900원

박영진 프로의 주말 골퍼 100타 깨기
박영진 지음 / 4×6배판 변형 올컬러 / 160쪽 / 12,000원

10타 줄여주는 클럽 피팅
현세용 · 서주석 공저 / 4×6배판 변형 / 184쪽 / 15,000원

단기간에 싱글이 될 수 있는 원포인트 레슨
권용진 · 김준모 지음 / 4×6배판 변형 올컬러 / 152쪽 / 12,500원

여성실용

결혼준비, 이제 놀이가 된다 김창규 · 김수경 · 김정철 지음
4×6배판 변형 올컬러 / 230쪽 / 13,000원

퇴출 두려워 마라
홀로서기에 도전하라

2008년 7월 20일 제1판 1쇄 발행

지은이/신정수
펴낸이/강선희
펴낸곳/가림출판사

등록/1992. 10. 6. 제4-191호
주소/서울시 광진구 구의동 57-71 부원빌딩 4층
대표전화/458-6451   팩스/458-6450
홈페이지/ www.galim.co.kr
전자우편/galim@galim.co.kr

값 11,500원

ISBN 978-89-7895-297-2 13320

가림출판사 · 가림M&B · 가림Let's의 홈페이지(http://www.galim.co.kr)에 들
어오시면 가림출판사 · 가림M&B · 가림Let's의 신간도서 및 출간 예정 도서를
포함한 모든 책들을 만나실 수 있습니다.
온라인 서점을 통하여 직접 도서 구입도 하실 수 있으며 가림 홈페이지 내에서
전국 대형 서점들의 사이트에 링크하시어 종합 신간 안내 및 각종 도서 정보,
책과 관련된 문화 정보를 받아보실 수 있습니다.
또한 홈페이지 방문시 회원으로 가입하시면 신간 안내 자료를 보내드립니다.